遼史校勘記

- 屬國表 · 高麗外記 -

金 渭 顯 編著

藝文春秋館

遼史校勘記

2023년 4월 13일 초판 1쇄 인쇄
2023년 4월 17일 초판 1쇄 발행

지 은 이 김위현

펴 낸 이 김정년
펴 낸 곳 藝文春秋館
주 소 서울 관악구 보라매로5가길 7, 1310호
전 화 02-887-5423
팩 스 02-888-5423
등 록 제15-26호(1988.3.24)
인 쇄 처 **진흥인쇄랜드** 02-812-3694

ISBN 978-89-85090-14-8 93910

값 20,000원

… 재교본을 내면서 …

『요사遼史』는 원元 순제順帝 지정至正 3년(1343)에 황제의 칙명勅命으로 도총재都總裁 탈탈脫脫을 위시하여 10명의 수사관修史官이 편수編修한 관찬官撰 사서이다.

지정 3년 4월에 시작하여 지정 4년(1344) 3월에 완료하기 까지 채 1년도 되지 못하는 기간에 본기에서 열전까지 총 116권을 완성하였다. 이렇게 편찬 작업을 서두르다 보니 내용이 소루疏漏한 점도 있고 사료를 널리 수집 못했다는 지적도 받아왔다.

일찍이 풍가승馮家昇의 「요사교감기遼史校勘記」, 나계조羅繼祖의 「요사교감기遼史校勘記」 등이 나오면서 많은 오류誤謬가 고쳐졌다. 그러나 같은 사료 내에서 서로 모순되는 부분과 외국이나 속부屬部에 대한 기록에는 문제가 남아 있었다.

필자는 『요사』 「속국표屬國表」와 「고려외기高麗外記」에 바로 잡아줄 부분이 있어서 「요사속국표고검遼史屬國表考檢」과 「요사고려외기고검遼史高麗外記考檢」이라는 논문을 발표하였다.

1985년에 그간 발표하였던 7편의 논문을 묶어서 『요금사연구遼金史硏究』라는 이름으로 인출印出하였다. 그러나 교정이 미진하여 몇 줄이 빠지거나 한자의 오탈誤脫이 있었다. 곧 바로 교정을 하여 재출간을 하였어야 했는데 이런 저런 일들에 밀려 오늘에 이르게 되었다.

이번 재교본에서는 「속국표」와 「고려외기」 두 편만 묶어 『요사교감기 -속국표 · 고려외기- 遼史校勘記-屬國表 · 高麗外記-』라는 사료집으로 엮었다.

이 책이 나오기까지 교정과 입력까지 맡아 준 김태경 박사에게 고마움을 전한다.

2022년 남지일에

관산정사冠山精舍에서 **김 위 현** 적음

… 目次 …

제1편 「속국표屬國表」 교감校勘 ······ 1

Ⅰ. 머리말 ······ 3

Ⅱ. 속국屬國의 성립 문제 ······ 6

Ⅲ. 「속국표屬國表」와 「백관지百官志」 및 「본기本紀」와의 상이점相異點 ······ 14

Ⅳ. 「속국표屬國表」의 재구성 ······ 21

Ⅴ. 「병위지兵衛志」 속국군조屬國軍條와 「백관지百官志」 속국관조屬國官條의 상차점相差點 ······ 99

Ⅵ. 맺는 말 ······ 101

제2편 「고려외기高麗外記」 교감校勘 ······ 105

Ⅰ. 머리말 ······ 107

Ⅱ. 인명의 오례誤例 ······ 108

Ⅲ. 지명의 오례誤例 ······ 115

Ⅳ. 사건 및 문자의 오례誤例 ······ 121

Ⅴ. 연월일年月日의 오례誤例 ······ 126

Ⅵ. 맺는 말 ······ 130

제1편

「속국표屬國表」 교감校勘

Ⅰ. 머리말

거란契丹은 북방계의 족속族屬으로 중원 한족국가漢族國家에 비하여 중국인의 안목에는 그다지 중시되지 못하였다. 그래서 그 사료史料의 취급도 소홀히 되어 많은 사료가 보존되지 못하였다. 그 뿐만 아니라 이미 찬수纂修된 『요사遼史』마저도 사료에 상당한 간루簡漏와 오탈誤脫이 있어서 『요사』의 진면목을 알아보기 어렵게 되었다. 그래서 이미 여러 학자들이 『요사』의 교감작업校勘作業을 하였지만 근본적인 문제는 해결하지 못하였다. 그러나 『요사』에 대한 연구는 많이 이루어져서 그 성과도 괄목할 만하다. 다만 원사료原史料의 검토를 하지 않은 상태에서 기술된 것이 아쉽다.

거란은 10세기부터 12세기까지 동아시아에 있었던 여러 나라 가운데 가장 강대한 국가였다. 그 국조國祚는 219년에 불과하지만 문화는 매우 찬란하였다. 그러나 그들의 역사는 국가가 망한지 220년만인 원말元末에 찬수撰修되었다. 이 책이 바로 『요사』이다. 그런데 질과 양이 모두 소루疏漏하게 다루어졌다고 하여 후인後人의 비평의 대상이 되어 왔다. 일찍이 풍가승馮家昇은

> "今廿四史中雖有簡約如三國志, 周書, 北齊書, 新五代史, 紕謬如魏書, 宋史, 元史者, 然未有遼史之甚也."[1)]

1) 馮家昇, 『遼史初校(遼史校勘記)』(臺北, 文海出版社, 1977), p. 1.

고 하였으니 『요사』의 간오簡誤가 여러 사서 중에 가장 심하다는 것을 알 수 있다.

1343년(원 순제 지정至正 3년)에 요금송 3사遼金宋三史를 찬수하라는 순제順帝의 조칙詔勅을 받고 중서우승상中書右丞相 탈탈脫脫을 도총재都總裁로 하여 24명의 수사관修史官이 찬수撰修를 시작하였다. 그리고 『요사』는 도총재 탈탈을 위시하여 불과 10명의 수사관이[2] 본기本紀 30, 지志 32, 표表 8, 열전列傳 46, 도합 116권을 1343년(지정 3년) 4월에 시작하여 익년인 1344년(지정 4년) 3월에 편찬을 완료하였으니 1년이 채 못되어 이루어진 것이다. 그러자니 그 내용에 소루한 점이 없을 수 없다. 이에 대하여 풍가승은,

> "余嘗究遼史之失有二 : 一曰闕略, 一曰譌誤. … 故以史料言, 於遼人之譜牒記注, 旣不及見; 於宋之私乘野史, 亦未能博采, 因陋就簡, 寧能毋闕? 以修史之年代言, 順帝至正三年四月設局, 踰年三月勒成; 以一代之史策, 爲之不及一載, 倉卒成編, 固難免譌誤也"[3]

이라 評하고 있으며 나계조羅繼祖도,

> "歷代修史從無如是之速者, 故蕪漏複誤, 觸目皆是."[4]

라 하였다. 이렇듯 많은 문제점들을 안고 있는 추사麤史가 『요사』

---

2) 脫脫, 『遼史』(臺北, 鼎文書局, 1975), 부록 중 「進遼史表」에 의하면, 都總裁: 脫脫(右丞相), 總裁官: 鐵睦爾達世(中書平章政事), 賀惟一(平章政事), 張起巖(翰林學士承旨), 歐陽玄(翰林學士), 呂思誠(集賢侍講學士兼國子祭酒), 揭傒斯(翰林侍講學士), 纂修官: 廉惠山海牙(兵部尙書), 王沂(翰林直學士), 徐昺(祕書著作佐郎), 陳釋曾(國史院編修官).

3) 馮家昇, 前引書, p. 1.

4) 羅繼祖, 『遼史校勘記』(臺北, 文海出版社, 1977), p. 265.

인 것이다. 『요사』와 동시에 찬수하였지만 좀 더 낫다는 『송사宋史』도 후인들의 비평이 적지 않았다. 그러니 『요사』의 허실虛實은 짐작하고도 남는다. 다음에 참고로 『송사』의 허실을 살펴보겠다. 정조正祖가 잠저潛邸 때 『송사』를 읽다가 불만스럽게 여겨 개수改修를 시작하였는데 즉위 후에 서명응徐命膺 등에게 명하여 계수繼修하게 하였다. 그 상봉교서上奉教書에 『송사』의 결점을 들기를

> "乃自遷記固書代各有史, 獨宋史之纂於元臣阿魯圖脫脫者潦率無據, 體裁則乖謬, 輯叙則舛雜, 計本紀志表列傳世家四百六卷, 最羙於諸史而爲最無可徵.[5]

이라 하여 체재體裁와 집서輯叙의 잘못을 지적하였으며 그 교서 서문에는

> "自兩漢有史, 其後十五六代, 代各有史而惟宋無史, 匪眞無史其爲史, 但抄謄宋朝實錄, 以類錯編而已, 不敢加筆削於其間. 夫作史工拙專在筆削, 今不筆削, 又何論其法乎. 無法故無體, 無體故無氣. 雖名爲史, 未可謂之史也."[6]

이라 하여 찬사纂史의 근본적인 공작을 하지 않았으므로 비록 역사가 있으나 있다고 하지 못하겠다고 하였다. 이러한 『요사』를 부분적으로나마 바로 잡으려는 뜻에서 풍가승, 나계조 등이 각각 교감기를

---

5) 正祖命纂, 『御定宋史筌』, 「奉教謹奉書」에 『송사』에 대한 논평을 여러 사람이 하였는데 위의 책 「의례(義例)」를 보면 일반적으로 "繁蕪龐亂"이라 하였다. 邵經邦은 "本無凡例, 筆削無據."라 하였고, 朱彝尊은 "潦草牽率不合爲金匱石室之儲."라 하였다. 그래서 명 태조 洪武 연간에 한림학사 宋濂 등에게 명하여 改修하게 하였으나 결과를 못 얻었고, 뒷날 王惟儉의 『宋史記』, 柯維騏의 『宋史新編』을 내기도 하였다.

6) 正祖命纂, 『御定宋史筌』 序.

내어 놓았으나 자구字句의 오탈誤脫만 언급하였고 내용 자체에 대한 문제점은 거론하지 않았다. 본고에서는 우선 속국표屬國表의 내용에 있어서 근본적으로 문제되는 사건 및 자구字句의 와오譌誤를 고구考究하여 검토해 보려고 한다.

II. 속국屬國의 성립 문제

국가는 각각 기본권을 가지고 있어야 하는데 이는 곧 국제법상의 주체로써 독립국, 국내 사항에 한한 행동의 자유권, 자기보존권, 긴급방위권, 평등권 등의 기본적인 권리를 가지고 있는 국가가 주권국가라 하겠다.

이와 반대로 속국屬國, vassal state은 종주국宗主國에 의하여 내적內的인 간섭을 받고 있는 나라 곧 종속국從屬國을 말한다. 신기철 등이 편찬한 『새 우리 말 큰 사전』에 의하면 종속국은 기미국羈縻國, 부속국附屬國, 부용국附庸國, 속방屬邦, 예속국隷屬國과 같은 말로 그 말의 뜻은,

> "① 정치적으로나 경제적으로나 다른 나라의 지배에 구속되어 있는 나라, 형식상으로는 독립하고 있으나 실제로는 제국주의 국가에 종속하고 있는 나라. ② 종주국의 국내법에 따라 외교관계의 일부를 독립처리하며, 다른 부분은 종주국에 의하여 처리되는 나라, 터키를 종주국으로 하는 독립 전의 불가리아와 같은 경우"(신기철 · 신용철, 『새 우리 말 큰 사전』, 서울, 삼성출판사, 1983, 「종속국」 조).

라고 설명하고 있다. 그리고 이희승李熙昇 편저의 『국어 대사전』에

서도 앞의 책 내용과 대동소이한 설명인

> "종주국의 국내법에 의거하여 외교관계의 일체는 독립해서 처리하고 나머지는 종주국에 의하여 처리되는 국가"(이희승, 『국어대사전』, 서울, 민중서림, 1981, 「종속국」 조).

라고 하였다. 그러나 중국의 『사해辭海』에는 약간 다른 뜻으로 해석하고 있다. 즉,

> "一國受他國之支配, 除自治權外, 一切內政外交, 皆須聽命於宗主國者, 謂之屬國"[7]

이라 하였다. 이상 여러 책의 뜻풀이를 종합해 보면 속국의 의미는 정치적으로 다른 나라에 얽매어 있는 나라를 말한다.

그러면 『요사』 찬수자들은 속국의 개념을 어떻게 파악하고, 또 어떤 요건을 갖춘 나라들을 선정하여서 속부屬部와 구분하였는가가 문제이다.

대개 『요사』의 내용들을 검토하여 보면 교빙국交聘國과 조공국朝貢國으로 구별하여 수록되었음을 알 수 있다. 이는 거란인들의 사상思想이 아니라 전통적인 한족漢族들의 상법想法이다. 태조 야율아보기耶律阿保機가 거란 전래傳來의 윤대 선간제도輪代選汗制度를 불식拂拭하고 한족의 세습제를 채택하므로 해서 국가의 관념도 한족의 관념으로 바꾸어 졌다고 하겠다. 한족의 관념속에는 천하통일사상天下一統思想에 의하여 천하의 토지와 인민은 모두 천자天子의 소유요 천자의 신첩臣妾으로 보는 시경詩經의 "普天之下, 莫非王土, 率土之濱, 莫非王臣"[8]

---

7) 『辭海』(上) (臺北, 臺灣中華書局, 1974), p. 972.

이리오 하는 생각이 그들의 오랜 전통관념이었다. 그러나 10세기에 접어들면서 이러한 그들의 관념은 차츰 다원적인 국가관념으로 바뀌어졌다. 곧 요송遼宋이 서로 상대국의 존엄과 권위를 인정하고 나섰다. 이러한 기조 하에서 거란은 송 등의 몇몇 국가와의 내왕來往만을 교빙交聘으로 하고, 그 밖의 군소 주변국과는 조공朝貢으로 기술하고 있다. 엄밀히 따져본다면 당시 아시아의 패자霸者는 거란이었다. 소위 전통 한족국가인 송은 역사상 처음으로 유목국가인 거란에 칭제건원稱帝建元을 허여許與하였을 뿐만 아니라 전연지맹澶淵之盟 후에 양국의 제실帝室은 연치年齒에 따라 형제질심兄弟姪嬸으로 지칭하였으며 더구나 해마다 송이 북조北朝인 거란에 수십만 필민匹緡의 세폐歲幣를 분형分亨하였다. 실상 이 세폐는 명목이 다를 뿐이지 공품貢品이다.[9] 그러나 『요사』·『송사』에서는 모두 교빙으로 기술하고 있다. 이런 맥락에서 찾아보면 「聘」은

> "訪也. 見說文按玉篇「訪問也」. 禮曲禮「諸侯使大夫問於諸侯曰聘」"[10]

이라 하여 제후諸侯와 제후가 서로 통왕通往을 뜻하는 대등·평등한 외교관계를 의미한다.

「貢」은 "獻也. 下奉上曰貢"[11]이라 하였으니 종속관계에서 행해지

---

8) 『十三經注疏』(3)·「毛詩正義」 卷 13-1, 谷風之什, 4월조.

9) 여기에 대하여 『송사』에서는 자세한 기록을 남기지 않고 있으나 『遼史』 권19, 「本紀」 제19, 重熙 11년 윤9월 癸未조에는 "文書稱貢"이라 하였고, 陶晋生·王民信編, 『李燾續資治通鑑長編宋遼關係史料輯錄』(제3책), pp. 421~422에 의하면 富弼이 거란 흥종황제 앞에서 "獻字, 乃下奉上之辭, 非可施於敵國. 況南朝爲兄, 豈有兄獻弟乎?"라고 불가함을 논하였고 돌아와 송 인종황제께 상주할 때에도 "彼求獻納二字, 臣旣以死拒之, 虜氣折矣. 可勿復許."라고 하였으나 송 조정은 晏殊의 논의를 따라 「納」 자를 허여하였다.

10) 전게, 『辭海』(下) p. 2338.

11) 상게, p. 2735.

는 예禮임이 분명하다.

『요사』에서 교빙국으로 다루어진 나라는 송, 후량後梁, 후당後唐, 후주後周, 달단국達旦國, 화열갈和烈葛, 맹고국萌古國 등이고 조공국으로 다루어진 나라는 고려高麗, 서하西夏, 후진後晉, 남당南唐 등의 군소제국으로 되어 있다

실상 송은 형식상이나마 형제질심兄弟姪嬸 등의 친척으로 만들어 대등의 명분을 찾고 있었지만 후량, 후당, 후주 등은 중원에서 승계한 정통국가로 거란과 자웅雌雄을 다투었을 뿐이지 그 세력이 결코 거란을 능가하지는 못하였다. 어떻든 후량, 후당, 후주는 차치하더라도 달단국[12]과 맹고국[13] 등에 대하여서는 설명하기 어렵다.

이 달단과 맹고는 기록상 '國'이라 칭하였지만 그 당시의 세력으로 보아서 몽고고원蒙古高原에 살고 있던 하나의 부족에 지나지 않는다. 더구나 요와 동등한 세력으로 교빙할 형편은 못되었다.

화열갈은 『요사』「본기」에 딱 한번 기록밖에 없으며[14] 어느 곳에

---

12) 달단은 10세기 초까지만 하여도 거란 세력에 밀려다니던 몽골계의 한 부족에 지나지 않는다. 『アジア歷史辭典』(東京, 平凡社, 1975) Vol.6, p. 103. 韃靼(Tatar)조에 의하면 달단의 명칭은 Onen하 유역에 730년대에 세워진 돌궐비문에 9姓韃靼, 30姓韃靼이 나오는데 여기에 나오는 9성달단은 Selenge천 하류에서 그 동방에까지 걸쳐 있었고, 저 30성달단은 9성달단 동쪽의 Kherlen천 중하유역, Ergune 유역, Kölön Buyir 지방에 유목하고 있었다. 9세기경에 위구르(回紇, Uighur)와 키르기즈(吉爾吉斯, Kirghiz)에 눌려 세력이 감소되지만 9성달단은 이 키르기즈를 압박하고 Onen하 유역을 점령하였다. 이로 해서 몽골인에게 있어서는 蒙古征覇의 제일보를 내딛게 되었다. 중국에서는 이 9성달단을 9族韃靼이라 불렀다. 10세기이후 거란 세력이 서방으로 뻗어 나아가 Kölön Buyir 지방의 달단을 지배하면서 이로써 9성달단이 정복되었다. 얼마 안가서 Kölön Buyir 지방의 달단에 속하였던 蒙古部가 발흥하기 시작하여 칭기즈칸 때에 달단 부족을 포함한 제 부족을 지배하게 되면서 몽골고원 통일에 성공하였다.

13) 이 나라는 蒙古의 별칭이다. 蒙古라고 명칭된 것은 11~12세기의 중국 사료에 전해지고 있는 蒙兀 · 萌古 · 蒙骨子 · 蒙古(어떻든 '蒙古'의 역음에서 이루진 것이다)에서 기원되어 나왔다. 이 지방의 주민은 모두 몽골족이지만 고대에는 터키족이 우세하였다.

14) '和烈葛'에 대한 기사는 『遼史』 권25, 「本紀」 제25, 太康 10년 6월 丙戌條. 「和烈葛等部來轉」이란 한 구절뿐이다.

있었던 어떤 족계族系인지도 알 수 없는 하나의 부족인데도 『요사』에서 평등·대등의 국제관계에 쓰여진 교빙이란 용어를 사용하고 있다. 아마도 그런 이유에서 『요사』 편찬자는 이들 국가를 「속국표」에서 뺀 것 같다. 이러한 것들이 『요사』가 전반적으로 잘 정돈되지 못한 채 쓰여진 것이라는 평을 듣게 되는 것일 것이다. 『요사』「속국표」를 작성하는 이유를 「속국표」의 서두序頭에서

> "周有天下, 不期而會者八百餘國. 遼居松漠, 最爲強盛. 天命有歸. 建國改元. 號令法度, 皆遵漢制. 命將出師, 臣服諸國. 人民皆入版籍, 貢賦悉輸內帑. 東西朔南, 何啻萬里. 視古起百里國而致太平之業者, 亦幾矣. 故有遼之盛不可不著. 作屬國表."[15]

라 하여 「속국표」를 만드는 이유를 적고 있다. 그러나 명장출사命將出師하여 신복제국臣服諸國하고 그 인민人民이 모두 판적版籍에 들어오고 공부貢賦가 모두 내탕內帑으로 들어왔다고 적고 있으나, 이 「속국표」에 나오는 나라 중에서 대부분의 국가들은 요의 판적에 들어 간 일이 없으며 또 요와는 직접 정치적인 관계도 없는 국가가 태반이나 된다. 특히 원방遠方에 위치하고 있는 국가들은 요대遼代에 불과 한두 차례의 왕래를 기록하고 있는 나라들이 많다.

특히 초기 거란이 오대五代와의 관계에 있어서 후량, 후당, 후주와의 관계기사에는 교빙으로 쓰고 있음은 이들 국가의 건국이 합법이던 불법이던 중원정통국가中原正統國家의 승계란 점에서 교빙으로 한 것 같다.

또 후진과 북한北漢은 비록 정통왕조의 승계자라 하더라도 거란의 영향 하에 건국되고 후원 하에 유지되었으므로 조공으로 기술하고

15) 『遼史』 권70, 表 제8, 「屬國表」.

있었던 듯하다.[16] 그러나 오대 때에 소위 정통국가들의 정치력이 미치는 지방은 화북일우華北一隅이고 기타 지방에는 제국諸國이 각립各立하고 있어서 영향력이 전혀 미치지 못한 상태였다. 각립한 제국 중에서도 오월吳越과 남당南唐은 거란과 상당한 교왕交往이 있었다. 그런데 이들 국가들은 소위 말하는 정통국가와의 관계가 신속臣屬도 아니고, 또 영향력을 받는 것도 아니었다. 그래서 독자적으로 거란과 교왕하였다. 『요사』「본기」에서는 오월, 남당의 증송품贈送品 내지 무역품貿易品을 모두 공물로 적고 있다. 그러나 「속국표」에서는 중원국가들은 모두 제외되었다. 이 밖의 발해渤海, 고려 등은 초기에 는 거란과 대등 내지 문화적으로는 우월한 문화를 가진 국가였으나 나중에 패퇴敗退하여 신사臣事를 하였다 하여 모두 '貢'으로 적고 속국에 편입시키고 있다.

또 대식大食, 일본日本 등 완전히 영향권 밖의 국가에 대하여서도 몇 번의 무역적貿易的인 성격의 교왕이 있었다 하여 「속국표」에 편입시키고 있음은 사리에 맞지 않은 일이다. 더구나 완안여진完顔女眞이 굴기崛起하여 거란군을 연패시키고 금국金國을 세워서 거란을 협박하여 황제로 봉책封冊을 받았을 뿐 아니라 거란이 호화好和를 청하여도 거절하는 등의 사건을 「속국표」에 속방屬邦의 일로 기재하고 있음은 근본적인 검토 없이 표를 작성한 것이기 때문일 것이다.

또한 부족과 국가의 구분 개념이 애매하여 혹은 '國', 혹은 '部'로

16) 937年 石敬瑭이 燕雲 16주를 거란에 할양하는 조건으로 거란군의 도움을 받아 후당 李從珂를 물리치고 제위에 올라 후진을 세웠으며 北漢은 沙陀人 劉知遠이 후진 太原王으로 있다가 후진이 멸망되고 거란 태종이 北歸 도중 崩去하자 후진의 남은 무리를 통합하여 거란을 驅逐하고 제위에 올라 後漢을 세웠다. 장군 郭威가 군사를 거느리고 남진 중에 제위에 올라 後周을 세우니 河東節度使 劉崇이 漢의 宗室로써 951年 다시 晉陽에서 제위에 올라 나라를 세우고 국호를 北漢이라 하였다. 後周를 晋州에서 공격하다가 패하자 거란에 원군을 청하면서 스스로 姪皇帝라 칭하며 송 태종 太平興國 4년(979년) 5월에 멸망하기까지 거란에 의부하여 유지하여 왔다.

기록한 것이 간혹 있는데, 이것 역시 기준 없이 기록하였거나 또는 상대국을 잘 이해하지 못한데서 오는 오류로 보인다.

또 북면속국관조北面屬國官條에

"遼制, 屬國, 屬部官, 大者擬王封, 小者准部使. 命其酋長與契丹人區別而用, 恩威兼制, 得柔遠之道."17)

라고 하였다. 그러나 실제의 왕봉王封, 부사部使 등을 봉한 것은 고려, 서하 등 극히 소수이고 여타의 국가에 대하여서는 근본적으로 교왕의 기록이 적은 나라들이다. 이러한 면에서도 속국이라는 용어는 적합하지 않다고 하겠다.

일반적으로 중국이 주변국가와의 관계에 있어서 전통적인 접촉형식이 있다면 이는 조공제도朝貢制度일 것이다. 이 조공제도에 대하여 전해종全海宗은

"조공제도야말로 중국이 그 주변의 국가와의 사이에 지녀 온 전통적 대외관계의 가장 특징적인 것이다."18)

라고 하였다. 그리고 그는 그 전통적인 대외관계를 전형적 조공관계, 준조공관계, 비조공관계로 나누고 또 다시 자상히 세분하였다. 이 가운데서 가장 많이 적용이 되고 있는 전형적 조공관계를 세분한 것을 소개하면 조공朝貢(歲幣 · 方物) · 청구請求 · 사물賜物 · 견면蠲免 등을 경제관계, 봉전封典 · 고애告哀 · 진하進賀 · 진위陳慰 · 사제賜除 · 부휼賻恤 · 사은謝恩 등을 의례적 관계, 중국측 요청中國側要請 · 조선측 요

17) 『遼史』 권46, 志 제16, 「百官志」 2, 北面屬國官條.
18) 全海宗, 『韓中關係史硏究』, (서울, 一潮閣, 1974), p. 14.

청朝鮮側要請 등의 군사적 관계, 칭신稱臣 · 연호채용年號採用 · 역채용曆採用 · 내정간섭內政干涉 · 진주陳奏 · 왜정보고倭情報告 · 양선정형보고洋船情形報告 · 인질人質 · 통혼通婚 등을 정치적 관계로 구분하였다.[19]

거란과 주변 제국과의 관계는 대체로 보아서 이 전형적인 조공관계에 속하는 요소들이 많았다고 하겠다. 그러나 각 지역에 따라 그 성격이 일치하지 않음을 지적할 수 있다. 여기에 대하여서는 1965년 Harvard 대학의 East Asian Research Center가 주최한 "Chinese World Order"에서 다루어진 제 문제를 전해종 교수가 그 학술회의 내용을 학계에 소개한 바가 있는데 그 가운데

> "중국문화의 영향이 깊은 동남아 지역, 중국의 서북방, 그리고 그 밖의 원격遠隔한 지방의 셋으로 대분하여 각기 특징을 발견한다. 동아 · 동남아 제국과의 관계는 주로 「문화적」인 것이며, 원격한 지방은 주로 교역상의 이익을 위한 것이고 서북방 지역과 관계는 대단히 복잡한 것을 알 수 있다."[20]

고 하였다. 이로 보면 지역적인 특성에 따라서 그 내용이 다름을 시사하고 있는 것이다. 이로 미루어 보면 속국이라는 말 자체가 의미가 없는 것이다. 그리고 비록 속국이라 하더라도 앞서 용어풀이와는 거리가 먼 관계가 유지되어 왔다. 여기에 대하여 장존무張存武는

> "對於屬國, 中國有一套柔遠的傳統辦法, 政治上冊封, 朝貢, 經濟上厚往薄來."[21]

---

19) 상게서, p. 15 참조.
20) 全海宗, 「「中國的 世界秩序」에 관한 學術會議」, 歷史學會, 『歷史學報』 29집, (1965), p. 164.
21) 張存武, 『淸韓宗藩貿易』(臺北, 中央硏究院近代史硏究所, 1978), p. 1.

라 하여 중국이 주변국에 대하여 정치·경제 두 가지 방법으로 다루어 온 것으로 보고 있다.

Ⅲ. 「속국표屬國表」와 「백관지百官志」 및 「본기本紀」와의 상이점相異點

중국 25사 중에 「속국표」가 있는 사서는 오직 『요사』 뿐이다. 『사기史記』와 『한서漢書』에는 열전列傳 중에 흉노匈奴와 조선朝鮮 등을 기술하였고, 『후한서後漢書』·『삼국지三國志』·『진서晉書』·『송서宋書』·『남제서南齊書』·『양서梁書』·『위서魏書』·『수서隋書』·『남사南史』·『북사北史』·『구당서舊唐書』·『신당서新唐書』·『신오대사新五代史』에는 열전 중에 이만夷蠻 等으로 지역을 구분하여 국가별로 기술하였고, 『구오대사舊五代史』·『금사金史』·『원사元史』·『신원사新元史』·『명사明史』에서는 소위 이만제국夷蠻諸國을 외국外國으로 다루었다. 『요사』에서도 고려와 서하를 「속국표」, "북면속국관北面屬國官", "속국군屬國軍"에까지 삽입하여 놓고도 별도로 「외기外記」라 하여 또 다루었다. 그러나 같은 시대 같은 총재總裁 아래 다루어진 3사 중에 『송』·『금』 2사에는 「외국外國」으로 다루고 유독 『요사』만이 「외기」로 다루고 있다. 실상 고려·서하 등 나라가 요·금·송과 교섭내용은 대동소이하다. 고려는 요·금과 책왕冊王 등 일이 있어서 명목이나마 그렇다손 치더라도 서하는 명목상 요·송의 책봉冊封을 받았던 터이다.

만약 주대周代의 주제周制에 의한 주종관계로 본다면 「세가世家」에 넣어야 옳을 것이고, 『진서晉書』에서와 같이 한다면 「재기載記」에 넣어야 하지 않겠는가?[22] 또 그 사서법史書法은 『요사원류고遼史源流考』

에 의하면 『요사』의 찬수범례纂修凡例를

"三國各史書法, 準史記, 西漢書, 新唐書"[23]

라 하였다. 그러나 대부분이 『신당서』와 가깝다. 그리고 『요사』는 『송』·『금』 2사에 비하여 목록이 많이 감축되어 있다.

그리고 요의 정치내용이 소위 "明王愼德, 四夷咸賓"의 왕도사상王道思想에서 대외관계가 이루어진 것이 아니고 무력에 의한 지배로 일관하여 왔다. 그리하여 피정복被征服이나 미정복未征服이거나 모두 속국으로 생각한 것 같다. 이러한 사상은 거란 당시의 사상이라기보다는 세계사상 미증유未曾有의 대제국을 건설하였던 원인元人들의 안목에서 이룩된 것이 아닌가 한다. 더구나 「요사술요遼史述要」에 의하면,

"屬國表, 遼以本族之各部爲部族, 部屬以外而臣服之者爲屬國, 但界限本不甚明, 細接之部族表中闌入屬國, 屬國表中亦闌入部族."[24]

이라 하여 본족本族 이외의 신복자臣服者를 모두 속국으로 하였으나 그 한계限界가 명백하지 않고 또한 「부족표部族表」 중에 속국이 끼고 「속국표」 중에 부족이 끼는 혼란을 가져왔다는 것이다.

요대의 주변제국에 대하여 기술한 기사는 『요사』의 「본기」·「백관지百官志」·「속국표」·「영위지營衛志」·「병위지兵衛志」이다. 그런데 여기에 나오는 기사의 내용은 서로 맞지 않는다. 이는 단시일 내에 찬수

---

22) 徐浩, 「遼史述要」, 『遼史彙編』(臺北, 鼎文書局, 1975), p. 24.에서는 이 「外記」 1권에 대하여 "述高麗西夏二國事, 按性質列於列傳之中, 似非其倫, 彷之世家載記, 亦有未當, 此則本紀之變體, 而非世家之本然也."라고 하였다. 그러면 「外國」으로 처리함이 가할 것이다.

23) 馮家昇, 『遼史源流考』(臺北, 鼎文書局, 1975), p. 67.

24) 徐浩, 전게서, p. 227.

하려고 먼저 편목編目을 하고 그 격식에 맞추어 각자가 필요한 사료를 취사선택한 뒤 상호대조를 하지 않고 그대로 편수編修하였기 때문에 이와 같은 오류가 나온 것으로 생각된다. 우선 다음에 「속국표」와 백관지」, 「본기」를 대비하여 보고 거기서 그 잘못을 살펴보고자 한다.

<table>
<tr><th colspan="3">「百官志」 北面屬國官</th><th>「本紀」 國名</th><th>「屬國表」 國名</th><th>비고</th></tr>
<tr><td rowspan="9">女直</td><td colspan="2">(女直)</td><td>○ (110)</td><td>○ (77)</td><td rowspan="9">“女直”과 “金”이라는 항목은 표에는 없으나 「본기」와 「속국표」에 나오므로 ( )로 묶어서 항목을 별도 기록하였음</td></tr>
<tr><td colspan="2">(金)</td><td></td><td>○ (44)</td></tr>
<tr><td colspan="2">女直國順化王府</td><td>○ (2)</td><td></td></tr>
<tr><td colspan="2">北女直國大王府</td><td>○ (1)</td><td>○ (1)</td></tr>
<tr><td colspan="2">南女直國大王府</td><td></td><td></td></tr>
<tr><td colspan="2">曷蘇館路女直大王府</td><td>○ (6)</td><td></td></tr>
<tr><td colspan="2">長白山女直大王府</td><td>○ (1)</td><td></td></tr>
<tr><td colspan="2">鴨淥江女直大王府</td><td>○ (2)</td><td></td></tr>
<tr><td colspan="2">瀕海女直大王府</td><td>○ (2)</td><td>○ (1)</td></tr>
<tr><td rowspan="6">阻卜</td><td rowspan="3">阻卜國大王府</td><td>阻卜札剌部節度使司</td><td rowspan="6">} ○ (107)</td><td rowspan="6">} ○ (81)</td><td rowspan="6"></td></tr>
<tr><td>阻卜諸部節度使司</td></tr>
<tr><td>阻卜別部節度使司</td></tr>
<tr><td colspan="2">西阻卜國大王府</td></tr>
<tr><td colspan="2">北阻卜國大王府</td></tr>
<tr><td colspan="2">西北阻卜國大王府</td></tr>
<tr><td colspan="3">乞粟河國大王府</td><td></td><td></td><td rowspan="3"></td></tr>
<tr><td colspan="3">城屈里國大王府</td><td></td><td></td></tr>
<tr><td colspan="3">朮不姑國大王府</td><td>○ (1)</td><td>○ (1)</td></tr>
<tr><td rowspan="4">回鶻</td><td colspan="2">阿薩蘭回鶻大王府</td><td>○ (17)</td><td>○ (16)</td><td rowspan="4"></td></tr>
<tr><td colspan="2">回鶻國單于府(回鶻)</td><td>○ (45)</td><td>○ (15)</td></tr>
<tr><td colspan="2">沙州回鶻燉煌郡王府</td><td>○ (6)</td><td>○ (5)</td></tr>
<tr><td colspan="2">甘州回鶻大王府</td><td>○ (5)</td><td>○ (5)</td></tr>
<tr><td colspan="3">高昌國大王府</td><td>○ (1)</td><td>○ (1)</td><td></td></tr>
<tr><td colspan="3">党項國大王府</td><td>○ (69)</td><td>○ (41)</td><td></td></tr>
<tr><td colspan="3">西夏國西平王府</td><td>○ (187)</td><td>○ (19)</td><td></td></tr>
<tr><td colspan="3">高麗國王府</td><td>○ (134)</td><td>○ (33)</td><td></td></tr>
<tr><td colspan="3">新羅國王府</td><td>○ (4)</td><td>○ (2)</td><td>이미 멸망하였음</td></tr>
<tr><td colspan="3">日本國王府</td><td>○ (3)</td><td>○ (2)</td><td></td></tr>
<tr><td rowspan="2">吐渾</td><td colspan="2">吐谷渾王府</td><td>○ (18)</td><td>○ (11)</td><td rowspan="2">吐谷渾과 吐渾을 같은 나라로 보는 견해가 많음</td></tr>
<tr><td colspan="2">吐渾國王府</td><td>○ (6)</td><td>○ (7)</td></tr>
</table>

「百官志」 北面屬國官		「本紀」 國名	「屬國表」 國名	비고
轄戛斯國王府		○ (4)	○ (3)	
室韋	室韋國王府	○ (10)		黃室韋, 大黃室韋, 小黃室韋는 「본기」에만 나온다. 실은 內部일 것이나 여기 참고로 별도 기록하였음
	黑車子室韋國王府	○ (10)		
	(黃室韋)	○ (1)		
	(大黃室韋)	○ (1)		
	(小黃室韋)	○ (1)		
鐵驪國王府		○	○ (33)	
靺鞨國王府		○ (1)	○ (2)	
沙陀國王府		○ (2)	○ (1)	
濊貊國王府		○	○ (1)	이미 멸망하였음
突厥	突厥國王府	○ (3)	○ (2)	
	西突厥國王府	○ (1)		
斡朗改國王府		○ (2)	○ (2)	
迪烈德國王府(「본기」 迪列得)		○ (4)		
于厥國王府(烏隈)		○ (5)		
越離覩國王府				
阿里國王府				
襖里國王府				
朱灰國王府				
烏孫國王府		○ (1)	○ (1)	
于闐國王府		○ (5)	○ (5)	
獅子國王府		○ (1)	○ (1)	
大食國王府		○	○ (3)	
西蕃國王府				
大蕃國王府				
小蕃國王府		○ (2)	○ (1)	
吐蕃國王府		○ (12)	○ (10)	
阿撒里國王府				
波剌國王府				
惕德國王府		○ (6)	○ (1)	
仙門國王府				
鐵不得國王府		○	○ (1)	
鼻骨德國王府		○ (26)	○ (2)	부족으로도 나옴
轄剌國只國王府				
賃烈國王府		○ (1)	○ (2)	
獲里國王府		○ (1)		
怕里國王府				
噪溫國王府				

「百官志」 北面屬國官	「本紀」 國名	「屬國表」 國名	비고
阿鉢頗得國王府			
阿鉢押國王府			
紆沒里國王府	○ (1)	○ (1)	
要里國王府	○ (1)	○ (2)	
徒覩古國王府	○ (1)		
素撒國王府	○ (1)	○ (1)	
夷都袞國王府			
婆都魯國王府			
霸斯黑國王府			
達離諫國王府			
達盧古國王府	○ (4)	○ (2)	
三河國王府			
蔑列胥國王府	○ (1)		
述律子國王府			
殊保國王府			
蒲昵國王府	○ (1)		
烏里國王府			

※ (　) 속의 숫자는 기사의 횟수임.

위의 표에서 보면 「백관지」 속국관조에는 명기되어 있으나 「속국표」에는 없는 나라가 있다. 분별없이 쓰여져서 구분이 되지 않은 나라는 여직국순화왕부女直國順化王府·남여직국대왕부南女直國大王府·갈소관로여직국대왕부曷蘇館路女直國大王府·장백산여직국대왕부長白山女直國大王府·압록강여직대왕부鴨淥江女直大王府는 분별없이 쓰여져서 「본기」와 「속국표」의 여직女直 표기와는 다르다.25) 또 조복阻卜도 조복국대왕부阻卜國大王府 내에 조복찰랄부절도사사阻卜札剌部節度使司·조복제부절도사사阻卜諸部節度使司·조복절도사사阻卜節度使司로 구분되어 있고, 또 한 갈래는 서조복국대왕부西阻卜國大王府·북조복국대왕부北阻卜國大王府·서북조복국대왕부西北阻卜國大王府로 분류되었으나 「속국표」에는 조복阻卜으로만 나온다.26) 또 돌궐突厥도 돌궐국왕부突厥國王府

25) 여진에 대한 분류는 각 사서에 다르게 나타나는데 이것을 정리하면 다음 표와 같다.

· 서돌궐국왕부西突厥國王府로 구분되어져 있으나 「속국표」와 「본기」에는 돌궐突厥로만 기재되어 있다.

又 「백관지」에만 국명이 나오고 「속국표」에는 나오지 않은 나라는 걸속하국대왕부乞粟河國大王府 · 성굴리국대왕부城屈里國大王府 · 적열덕국왕부迪烈德國王府 · 우궐국왕부于厥國王府 · 월리도국왕부越離覩國王府 · 아리국왕부阿里國王府 · 오리국왕부襖里國王府 · 주회국왕부朱灰國王府 · 서번국왕부西蕃國王府 · 대번국왕부大蕃國王府 · 아살리국왕부阿撒里國王府 · 파랄국왕부波剌國王府 · 선문국왕부仙門國王府 · 할랄국지국왕부轄剌國只國王府 · 획리국왕부獲里國王府 · 파리국왕부怕里國王府 · 조온국왕부噪溫國王府 · 아발파득국왕부阿鉢頗得國王府 · 아발압국왕부阿鉢押國王府 · 도도고국왕부徒覩古國王府 · 이도곤국왕부夷都袞國王府 · 파도로국왕부婆都魯國王府 · 패사흑국왕부覇斯黑國王府 · 달리간국왕부達離諫國王府 · 삼하국왕부三河國王府 · 술율자국왕부述律子國王府 · 수보국왕부殊保國王府

요사	백관지	女直國順化王府	北女直國大王府	南女直國大王府	曷蘇館路女直國大王府	長白山女直大王府	鴨淥江女直大王府	瀕海女直國大王府	
	본기	女直(封順化王)	北女直	南女直	曷蘇館女直	長白山三十部女直	鴨淥江女直	瀕海女直	生女直, 金, 東北 女直, 黃龍府女直
	병위지	女直	北女直		曷蘇館女直				南京女直
	속국표	女直 또는 女直國	北女直					瀕海女直	金
고려사		女眞				三十姓女眞			東女眞(東蕃), 西 女眞(西蕃), 西北 女眞(西北蕃), 東 北女眞, 金
송사		女眞							金

26) 「속국표」에 阻卜으로만 나오지만 阻卜札剌部란 이름이 꼭 한번 나오며 阻卜의 갈래로 보는 阻卜酋長 · 阻卜大王이 각각 다른 이름으로 나타나고 있다. 「본기」에는 阻卜諸部節度使를 설치한 기록이 있다(『遼史』「本紀」 15, 聖宗 統和 29년 6월 丁巳條). 그리고 표와 같이 阻卜大王 · 阻卜酋長 · 阻卜部長 · 阻卜長이란 명칭이 나오는데 이는 요대 가장 叛服이 무상했던 부족이다. 거란이 통일을 막기 위해 각각 회유하여 그 직도 각각 다르게 내리었던 것이 아닌가 한다.

· 오리국왕부烏里國王府 · 핵열가국왕부覈列哿國王府 · 포니국왕부蒲昵國王府이다.

또 「백관지」의 부족표部族表에 나오는 부가 「속국표」에도 나오는 부는 올야兀惹 · 발해渤海 · 매리급梅里急 · 오고부烏古部 · 발사모拔思母 · 달리저達里底 · 점팔갈부粘八葛部이며 또 성종聖宗 34부 중 오국부五國部의 오국五國 구성국인 오리미奧里米 · 월리독越里篤 · 월리길越里吉이 각각 독립한 한 나라로 기록되어 있으며, 이 밖에 후한後漢 · 파사波斯 등은 「백관지」에는 없다.

또 「속국표」에만 나오며, 남경도南京道에 속하는 역주易州가 들어가 있는가 하면27) 화주회골和州回鶻이 들어가 있고, 또 정체가 불명확한 아사뢰阿思懶 · 할열轄列 · 오고찰烏古札 등이 「속국표」에 끼어 있다. 이는 국부國部 등의 선정이 계한界限이 불분명한 때문이며, 또 같은 중원지역의 국가로 후진後晉 · 남당南唐 · 오월吳越 등은 다루지 않고 후한後漢만 끼워 넣었음도 기준 없이 편집한데서 오는 잘못이며 『요사』의 결점이 되는 것이다.

「백관지」 속국관조屬國官條에만 나오고 「본기」와 「속국표」에는 나오지 않는 나라도 많이 있다. 곧 남여직국대왕부南女直國大王府 · 걸속하국대왕부乞粟河國大王府 · 성굴리국대왕부城屈里國大王府 · 월리도국왕부越離覩國王府 · 아리국왕부阿里國王府 · 오리국왕부襖里國王府 · 주회국왕부朱灰國王府 · 서번국왕부西蕃國王府 · 대번국왕부大蕃國王府 · 아살리국왕부阿撒里國王府 · 파랄국왕부波剌國王府 · 선문국왕부仙門國王府 · 할랄국지국왕부轄剌國只國王府 · 파리국왕부怕里國王府 · 조온국왕부噪溫國王府 · 아발파득국왕부阿鉢頗得國王府 · 아발압국왕부阿鉢押國王府 · 이도곤국왕부夷都袞國王府 · 파도로국왕부婆都魯國王府 · 패사흑국왕부覇斯黑

27) 『遼史』 권40, 志 제10, 「地理志」 4, 南京道, 易州條에 의하면 「應曆九年爲周世宗所敗, 後屬宋. 統和七年攻克之, 升高陽軍.」이라 하였다. 그러니 易州, 高陽軍이다.

國王府・달리간국왕부達離諫國王府・삼하국왕부三河國王府・술율자국왕부述律子國王府・수보국왕부殊保國王府・오리국왕부烏里國王府 등이다.

이와 같이 된 원인이 어디에 있을까? 「백관지」에 나오고 「속국표」나 「본기」 중 어느 한쪽에 나오면 어느 정도 그 존재를 인정할 수 있겠으나 「백관지」에만 나오고 「본기」와 「속국표」 양편 사료에 모두 나오질 않는다는 것은 몇 가지로 생각하여 볼 문제이다.

첫째는 국명이 다르게 적혀졌을 가능성이 크다. 왜냐하면 서북방계의 문자가 없는 나라의 국명을 한자로 옮길 때 「음」 또는 「뜻」으로 옮겼을 가능성이 있으며,

둘째는 『요사』의 일반적인 취재의 방향으로 보아 고증 없이 견문이나 문서를 토대로 하여 수록했을 가능성이 크다.

셋째는 찬수자가 편목編目에 따라서 각각 취재해서 상호교감 없이 완성했을 가능성이 크다. 비록 사료가 있더라도 취할 바 못되어 버렸지만 한쪽에서는 국명만 취했을 가능성도 없지 않다.

Ⅳ. 「속국표屬國表」의 재구성

앞 장에서 지적한 바와 같이 「속국표」에 여러가지 문제가 노출되고 있다. 그러면 무엇을 어떻게 하여 재구성하여야 하겠는가? 먼저 「백관지」의 속국관조에 나오는 국國을 기준으로 하고, 또 속부屬部에 나오는 것을 제외하고, 또 성종 34부도 빼어 버리고, 나머지 국들을 정리하되 표의 명칭도 「외국관계계년표外國關係繫年表」로 하는 것이 좋겠다.

역사상 미증유의 대국인 원제국元帝國이 고려에 행성行省을 두고, 또 부마지국駙馬之國으로 삼아 왔어도 고려를 외국으로 취급하였는데

하물며 한동안 동등하게 쟁패爭霸하던 고려와 서하를 속국으로 다루었음은 반론을 제기하지 않을 수 없다.

「외국관계계년표」라는 제목으로 다음과 같은 편집원칙으로 재구성하여 보겠다.

첫째, 외국의 범위를 정해야만 하겠다. 우선 「백관지」 북면속국관조에 나오는 국가와 북방의 맹고萌古, 달단韃靼 등과 남방의 송宋, 남당南唐, 후량後梁, 후당後唐, 후진後晉, 후주後周, 후한後漢, 오월吳越 등 국이 포괄되어야 한다. 단 『요사』의 「본기」에서 뽑은 자료로 보충한다.

둘째, 사료의 취재범위는 상호 교통相互交通(交聘 · 來朝 · 貢方物 등), 전사戰事, 하생일賀生日, 조위吊慰, 회장會葬, 유물사여遺物賜與, 첩보牒報 등을 수록하여야 한다.

셋째, 정리는 연월별로 하되 단문短文은 그냥 적고, 장문長文은 축약해야 한다.

위와 같은 대원칙 아래 표를 작성하면 다음 표와 같다.

넷째, 주註를 달아서 원래 「속국표」에 없던 기사를 삽입했음을 표시한다. 단, 삽입하는 기사 내용이 길면 짧게 문장을 고쳤다.

다섯째, 괄호를 묶은 부분은 고증 결과 삭제해야 할 부분임을 표시하였다.

〈외국관계계년표外國關係繫年表〉

연대	태조太祖 원년 (907)	태조 2년 (908)	태조 3년 (909)	태조 4년 (910)
1월		御正殿受諸國使朝.[28] 河東李克用卒, 子存勗襲, 遣使弔慰.[29]		
2월			梁遣郎公遠來聘.[30]	
3월			滄州節度使劉守文爲弟守光所攻, 遣人來乞兵討之. 命皇弟舍利素等以兵會守文於北淖口. 破守光.[31]	
4월	唐梁王朱全忠廢其主, 尋弑之, 自立爲帝, 國號梁, 遣使來告.[32]			
5월				
6월				
7월	劉守光之兄平州刺史守奇率衆來降, 命置之平盧城.[33]			
8월		幽州進合歡瓜.[34]		
9월				
10월		遣輕兵取吐渾叛入室韋者.[35]		
11월				
12월	(和州回鶻來貢)[36]			

28) 「속국표」에는 神冊元年(916) 正月條에 실려 있는데, 그 기사는 「御正殿受百僚暨諸國人使朝賀」이다.
29) 『遼史』 권1, 「本紀」 제1, 太祖 2년 정월 辛巳條.
30) 『遼史』 권1, 「本紀」 제1, 太祖 3년 2월 丁酉朔條.
31) 『遼史』 권1, 「本紀」 제1, 太祖 3년 3월條.
32) 『遼史』 권1, 「本紀」 제1, 太祖 원년 4월 丁未朔條.
33) 『遼史』 권1, 「本紀」 제1, 太祖 원년 7월 乙酉條.
34) 『遼史』 권1, 「本紀」 제1, 太祖 2년 8월 壬子條.
35) 『遼史』 권1, 「本紀」 제1, 太祖 2년 10월 己亥朔條.
36) 「속국표」에는 나오지만 「본기」에는 없는 기사이다.

연대	태조 5년 (911)	태조 6년 (912)	태조 7년 (913)	태조 8년 (914)	태조 9년 (915)
1월					
2월		親征劉守光.[37]			
3월	復略地薊州.[38]	至自幽州.[39]			
4월	遣人使梁.[40]				
5월					
6월					幽州軍校齊行本擧其族及其部曲男女三千人請降, 詔授檢校尚書、左僕射, 賜名兀欲, 給其廩食. 數日亡去, 幽帥周德威納之. 及詔索之, 德威語不遜, 乃議南征.[41]
7월	斜離底及諸蕃使來貢.[42]	親征朮不姑, 降之, 俘獲以數萬計. 命弟剌葛分兵攻平州.[43]			
8월					
9월					
10월		遣人使梁致祭.[44]	和州回鶻來貢.[45]		新羅遣使貢方物, 高麗遣使進寶劍, 吳越王錢鏐遣滕彥休來貢.[46]
11월	遣人使梁.[47]				
12월					

37)『遼史』 권1, 「本紀」 제1, 太祖 6년 2월 戊午條.
38)『遼史』 권1, 「本紀」 제1, 太祖 5년 3월條.
39)『遼史』 권1, 「本紀」 제1, 太祖 6년 3월條.
40)『遼史』 권1, 「本紀」 제1, 太祖 5년 4월 壬申條.
41)『遼史』 권1, 「本紀」 제1, 太祖 9년 6월條.
42)『遼史』 권1, 「本紀」 제1, 太祖 5년 7월 壬午朔條.
43)『遼史』 권1, 「本紀」 제1, 太祖 6년 7월 丙午條.
44)『遼史』 권1, 「本紀」 제1, 太祖 6년 10월 甲申條.
45)『遼史』 권1, 「本紀」 제1, 太祖 7년 10월 戊寅條.
46)『遼史』 권1, 「本紀」 제1, 太祖 9년 10월 戊申條. 이 해는 고려 건국 3년 전이다. 泰封도 한 때 고려라 했으므로 외국에는 이때까지도 고려라 했을 가능성이 있다.
47)『遼史』 권1, 「本紀」 제1, 太祖 5년 11월 壬午條.

연대	신책神冊 원년 (916)	신책 2년 (917)
1월		
2월		晉新州裨將盧文進殺節度使來降. 進攻其城, 以文進部將劉殷爲刺史.48)
3월		攻幽州, 大破之.49)
4월	晉幽州節度使盧國用來降, 以爲幽州兵馬留後. 梁遣郎公遠來賀.50)	圍幽州, 不克.51)
5월		
6월	吳越王遣滕彦休來貢.52)	從幽州班師. 留曷魯、盧國用守之.53)
7월	親征突厥、吐渾、党項、小蕃、沙陀諸部, 皆平之. 俘其酋長及其戶萬五千六百, 鎧甲、兵仗、器服九十餘萬, 寶貨、駝馬、牛羊不可勝算.54)	
8월	拔朔州, 擒節度使李嗣本55)	李存勗遣李嗣源等救幽州, 曷魯等以兵少而還.56)
9월		
10월		
11월	攻蔚、新、武、嬀、儒五州, 斬首萬四千七百餘級. 自代北至河曲踰陰山, 盡有其地. 遂改武州爲歸化州, 嬀州爲可汗州, 置西南面招討司, 選有功者領之.57)	
12월		

48)『遼史』 권1, 「本紀」 제1, 神冊 2년 2월條.
49)『遼史』 권1, 「本紀」 제1, 神冊 2년 3월 辛亥條.
50)『遼史』 권1, 「本紀」 제1, 神冊 원년 4월 乙酉朔條.
51)『遼史』 권1, 「本紀」 제1, 神冊 2년 4월 壬午條.
52)『遼史』 권1, 「本紀」 제1, 神冊 원년 6월 庚寅條.
53)『遼史』 권1, 「本紀」 제1, 神冊 2년 6월 乙巳條.
54)『遼史』 권1, 「本紀」 제1, 神冊 원년 7월 壬申條.
55)『遼史』 권1, 「本紀」 제1, 神冊 원년 8월條.
56)『遼史』 권1, 「本紀」 제1, 神冊 2년 8월條.
57)『遼史』 권1, 「本紀」 제1, 神冊 원년 11월條.

연대	신책 3년 (918)	신책 4년 (919)	신책 5년 (920)
1월	安端爲大內惕隱, 命攻雲州及西南諸部.58)		
2월	達旦國來聘. 梁遣使來聘. 晉、吳越、渤海、高麗、回鶻、阻卜、党項及幽、鎭、定、魏、潞等州遣使來貢.59)		
3월	(高麗及西北諸蕃皆遣使來貢). 回鶻獻珊瑚樹.60)		
4월			
5월			吳越王復遣滕彦休貢犀角、珊瑚, 授官以遣.61)
6월			
7월			
8월			党項諸部叛. 上親征.62)
9월			梁遣郎公遠來聘.63) 皇太子率迭剌部夷離菫汙里軫等略地雲內、天德.64)
10월		(師次烏骨里國, 分路擊之, 擧國歸附).65)	攻天德. 節度使宋瑤降, 班師. 宋瑤復叛, 拔其城. 徙其民於陰山南.66)
11월			
12월			師還(攻天德軍).67)

58) 『遼史』 권1, 「本紀」 제1, 神冊 3년 정월 丙申條.

59) 『遼史』 권1, 「本紀」 제1, 神冊 3년 2월條. 표에는 達旦國과 梁、晉、吳越、幽、鎭、定、魏、潞도 聘이나 貢을 하였지만 제외하였었다. 이것은 잘못이다.

60) 이 기사는 「본기」에 없음.

61) 『遼史』 권2, 「本紀」 제2, 神冊 5년 5월 丙寅條.

62) 『遼史』 권2, 「本紀」 제2, 神冊 5년 8월條.

63) 『遼史』 권2, 「本紀」 제2, 神冊 5년 9월 己丑朔條.

64) 『遼史』 권2, 「本紀」 제2, 神冊 5년 9월 壬寅條.

65) 「본기」에는 없음. 馮家昇, 『遼史初校』에는 "則骨里國, 卽烏古部, 亦作于厥里·烏骨里"라 하였다.

66) 『遼史』 권2, 「本紀」 제2, 神冊 5년 10월條.

67) 월일이 맞지 않은 「속국표」의 기사이므로 삭제함.

연대	신책 6년 (921)	천찬天贊 원년 (922)	천찬 2년 (923)
1월			大元帥堯骨克平州.68)
2월		復徇幽、薊地.69)	以平州爲盧龍軍, 置節度使.70)
3월			
4월		攻薊州, 拔之. 李存勗圍鎭州, 張文禮求援. 遣將擊敗之.71)	梁遣使來聘, 吳越王遣使來貢. 命堯骨攻幽州, 迭剌部夷離董覿烈徇山西地. 閏月, 堯骨抵鎭州. 拔曲陽. 下北平.72)
5월		張文禮卒, 其子處瑾遣人奉表來謝.73)	堯骨師還.74)
6월			波斯國來貢.75)
7월			前北府宰相蕭阿古只及王郁徇地燕、趙.76)
8월			
9월			
10월	晉新州防禦使王郁以所部山北兵馬內附. 上率大軍入居庸關77)		
11월	下古北口. 分兵略檀、順、安遠、三河、良鄕、望都、潞、滿城、遂城等, 俘其民徙內地.78)	命皇子堯骨爲天下兵馬大元帥, 略地薊北.79)	
12월	圍涿州. 與存勗數戰於望都、幽州等地. 還次檀州.80)		

68) 『遼史』 권2, 「本紀」 제2, 天贊 2년 정월 丙申條.
69) 『遼史』 권2, 「本紀」 제2, 天贊 원년 2월 庚申條.
70) 『遼史』 권2, 「本紀」 제2, 天贊 2년 2월 甲子條.
71) 『遼史』 권2, 「本紀」 제2, 天贊 원년 4월條.
72) 『遼史』 권2, 「本紀」 제2, 天贊 2년 4월條.
73) 『遼史』 권2, 「本紀」 제2, 天贊 원년 5월 丁未條.
74) 『遼史』 권2, 「本紀」 제2, 天贊 2년 5월 戊午條.
75) 『遼史』 권2, 「本紀」 제2, 天贊 2년 6월 辛丑條. 「백관지」 북면속국관표의 국명에는 빠졌음.
76) 『遼史』 권2, 「本紀」 제2, 天贊 2년 7월條.
77) 『遼史』 권2, 「本紀」 제2, 神冊 6년 10월 癸丑朔條.
78) 『遼史』 권2, 「本紀」 제2, 神冊 6년 11월條.
79) 『遼史』 권2, 「本紀」 제2, 天贊 원년 11월 壬寅條.
80) 『遼史』 권2, 「本紀」 제2, 神冊 6년 12월條.

연대	천찬 3年 (924)	천찬 4년 (925)
1월	遣兵略地燕南.81)	
2월		大元帥堯骨略党項. 蕭阿古只略燕、趙還. 堯骨獻党項俘.82)
3월		
4월		南攻小番, 下之. 回鶻烏母主可汗遣使貢謝.83)
5월	渤海殺其刺史張秀實而掠其民.84)	
6월	大擧征吐渾、党項、阻卜等部.85)	
7월		
8월		
9월	遣騎攻阻卜. 大食國來貢. 回鶻覇里遣使來貢.86)	至自西征.87)
10월	遣兵踰流沙, 拔浮圖城, 盡取西鄙諸部.88)	唐以滅梁來告, 卽遣使報聘. 日本國來貢. 高麗來貢.89)
11월	獲甘州回鶻都督畢離遏, 因遣使諭其主烏母主可汗.90)	新羅國來貢.91)
12월		擧兵親征渤海大諲譔. 閏月, 次商嶺, 夜圍扶餘府.92)

81) 『遼史』 권2, 「本紀」 제2, 天贊 3년 정월條.
82) 『遼史』 권2, 「本紀」 제2, 天贊 4년 2월條.
83) 『遼史』 권2, 「本紀」 제2, 天贊 4년 4월條. 回鶻은 응당 甘州回鶻이어야 함.
84) 『遼史』 권2, 「本紀」 제2, 天贊 3년 5월條.
85) 『遼史』 권2, 「本紀」 제2, 天贊 3년 6월 乙酉條.
86) 「본기」의 覇里가 「속국표」에는 怕里로 되었음(校勘記).
87) 『遼史』 권2, 「本紀」 제2, 天贊 4년 9월 癸巳條.
88) 『遼史』 권2, 「本紀」 제2, 天贊 3년 10월 丁卯條.
89) 『遼史』 권2, 「本紀」 제2, 天贊 4년 10월條.
90) 『遼史』 권2, 「本紀」 제2, 天贊 3년 11월 乙未朔條. 표에는 「獲甘州烏母主可汗」임.
91) 『遼史』 권2, 「本紀」 제2, 天贊 4년 11월 己酉條.
92) 『遼史』 권2, 「本紀」 제2, 天贊 4년 12월條.

연대	천현天顯 원년 (926)	천현 2년 (927)	천현 3年 (928)
1월	拔扶餘城, 圍忽汗城, 諲譔出降.93)		黃龍府羅涅河女直、達盧古來貢.94)
2월	以平渤海遣使報唐. 以奚部長勃魯恩、王郁自回鶻、新羅、吐蕃、党項、室韋、沙陀、烏古等從征有功, 優加賞賚. 改渤海國爲東丹, 忽汗城爲天福城. 高麗、濊貊、鐵驪、靺鞨來貢.95)		達盧古來貢.
3월			唐義武軍節度使王都遣人以定州來歸. 唐主出師討之, 使來乞援, 命奚禿里鐵剌往救之.96)
4월			援軍敗唐將于定州. 唐兵大集, 援軍請益師. 命惕隱涅里袞等赴之.97)
5월			女直來貢.98)
6월	次愼州, 唐遣姚坤以國哀來告.99)		
7월	衞送大諲譔于皇都西, 築城以居之.100)		王都奏唐兵破定州, 鐵剌死之, 涅里袞、查剌等數十人被執. 上甚悔之.101)
8월			突厥來貢.
9월			遣人使唐.102)
10월			唐遣使遺玉笛. 天授節, 上御五鸞殿受群臣及諸國使賀.103)
11월			自將伐唐.104)

93) 『遼史』 권2, 「本紀」 제2, 天顯 원년 정월 辛未條.
94) 『遼史』 권3, 「本紀」 제3, 天顯 3년 정월 己未條.
95) 『遼史』 권2, 「本紀」 제2, 天顯 원년 2월條. 표에는 「回鶻、新羅、吐蕃、党項、沙陀從征有功賞之.」라 하였으나 "回鶻等部從征有功"이 아님. 표에는 高麗가 빠졌으나 「본기」에는 맨 앞에 고려가 들어갔음. 濊貊은 없어진지 오랜 나라며 靺鞨도 女眞으로 기술하고 있었다. 혹 어떤 部가 옛이름으로 貢獻하므로 해서 史冊에 남았을 가능성이 크다.
96) 『遼史』 권3, 「本紀」 제3, 天顯 3년 3월 乙丑條.
97) 『遼史』 권3, 「本紀」 제3, 天顯 3년 4월 丙申條.
98) 『遼史』 권3, 「本紀」 제3, 天顯 3년 5월 己巳條.
99) 『遼史』 권2, 「本紀」 제2, 天顯 원년 6월 丙午條.
100) 『遼史』 권2, 「本紀」 제2, 天顯 원년 7월 辛未條.
101) 『遼史』 권3, 「本紀」 제3, 天顯 3년 7월 壬子條.
102) 『遼史』 권3, 「本紀」 제3, 天顯 3년 9월 庚寅條.
103) 『遼史』 권3, 「本紀」 제3, 天顯 3년 10월條.
104) 『遼史』 권3, 「本紀」 제3, 天顯 3년 11월 辛丑條.

연대	천현天顯 원년 (926)	천현 2년 (927)	천현 3年 (928)
12월		女直遣使來貢. (속국표에만 있음)	聞唐主復遣使來聘, 上問左右, 皆曰:「唐數遣使來, 實畏威也. 未可輕擧, 觀釁而動可也.」上然之. 唐使至, 遂班師. 詔遣耶律羽之遷東丹民以實東平. 其民或亡入新羅、女直, 因詔困乏不能遷者, 許上國富民給贍而隸屬之.105)

연대	천현 4년 (929)	천현 5년 (930)	천현 6년 (931)
1월	宴羣臣及諸國使, 觀俳優角觝戲.106)	皇弟李胡拔寰州捷至.107)	西南邊將以慕化轄戞斯國人來.
2월		李胡還自雲中, 朝于行在.108)	
3월			
4월			唐遣使來聘.109)
5월	女直來貢.110)		
6월			
7월			女直來貢.111)
8월			
9월			
10월	詔皇弟李胡帥師趣雲中討郡縣之未附者.112)		鐵驪來貢.
11월		東丹奏人皇王浮海適唐.113)	唐遣使來聘.114)
12월	女直來貢.115)		

105)『遼史』 권3, 「本紀」 제3, 天顯 3년 12월條.
106)『遼史』 권3, 「本紀」 제3, 天顯 4년 정월 壬申朔條.
107)『遼史』 권3, 「本紀」 제3, 天顯 5년 정월 庚午條.
108)『遼史』 권3, 「本紀」 제3, 天顯 5년 2월 癸卯條.
109)『遼史』 권3, 「本紀」 제3, 天顯 6년 4월 己酉條.
110)『遼史』 권3, 「本紀」 제3, 天顯 4년 5월 癸酉條.
111)『遼史』 권3, 「本紀」 제3, 天顯 6년 7월 丁亥條.
112)『遼史』 권3, 「本紀」 제3, 天顯 4년 10월 甲子條.
113)『遼史』 권3, 「本紀」 제3, 天顯 5년 11월 戊寅條.
114)『遼史』 권3, 「本紀」 제3, 天顯 6년 11월 乙酉條.
115)『遼史』 권3, 「本紀」 제3, 天顯 4년 12월 戊申條.

연대	천현 7년 (932)	천현 8년 (933)
1월	唐遣使來聘. 遣人使唐.[116]	女直來貢.[117] 命皇太弟李胡等率兵伐党項.
2월	拽剌迪德使吳越還, 吳越王遣使從, 獻寶器. 復遣使持幣往報之.[118]	吐谷渾、阻卜來貢. 剋實魯使唐還, 以附獻物分賜群臣.[119]
3월	遣使諸國.[120]	皇太弟討党項勝還, 宴勞之. 唐遣使請罷征党項兵, 上以戰捷及党項已聽命報之.[121]
4월	唐遣使來聘, 致人皇王倍書.[122] 女直來貢.	党項來貢.
5월		
6월		阻卜來貢. 阿薩蘭回鶻來貢.
7월	唐遣使遺紅牙笙.[123]	鐵驪、女直、阻卜來貢.[124]
8월		
9월	阻卜來貢.[125]	
10월	唐遣使來聘. 遣使雲中.[126]	阻卜來貢. 唐遣使來聘. 遣拔剌使唐.[127] (朮不姑來貢.)[128]
11월	遣使存問獲里國.[129] 阻卜貢海東青鶻三十連.[130]	太皇太后崩, 遣使告哀于唐及人皇王倍. 是月, 唐主嗣源殂. 子從厚立.[131]
12월		党項來貢.[132]

116) 『遼史』 권3, 「本紀」 제3, 天顯 7년 정월條.
117) 『遼史』 권3, 「本紀」 제3, 天顯 8년 정월 戊子條.
118) 『遼史』 권3, 「本紀」 제3, 天顯 7년 2월 壬申條.
119) 『遼史』 권3, 「本紀」 제3, 天顯 8년 2월 乙卯條.
120) 『遼史』 권3, 「本紀」 제3, 天顯 7년 3월 丁未條.
121) 『遼史』 권3, 「本紀」 제3, 天顯 8년 3월條.
122) 『遼史』 권3, 「本紀」 제3, 天顯 7년 4월 甲戌條.
123) 『遼史』 권3, 「本紀」 제3, 天顯 7년 7월 壬申條.
124) 『遼史』 권3, 「本紀」 제3, 天顯 8년 7월 丁亥條. 표에는 女直이 없고 "鐵驪來貢" "阻卜來貢" "朮不姑來貢"으로 되어 있음.
125) 『遼史』 권3, 「本紀」 제3, 天顯 7년 9월 庚子條.
126) 『遼史』 권3, 「本紀」 제3, 天顯 7년 10월條.
127) 『遼史』 권3, 「本紀」 제3, 天顯 8년 10월條.
128) 「본기」에는 없으므로 삭제함.
129) 『遼史』 권3, 「本紀」 제3, 天顯 7년 11월 丁亥條.
130) 『遼史』 권3, 「本紀」 제3, 天顯 7년 11월 丁未條. 표에는 海東青鶻의 수가 없고, "阻卜貢海東青鶻"로 되어 있음.
131) 『遼史』 권3, 「本紀」 제3, 天顯 8년 11월條.
132) 『遼史』 권3, 「本紀」 제3, 天顯 8년 12월 丁卯條.

연대	천현 9년 (934)	천현 10년 (935)	천현 11년 (936)
1월	党項貢駝、鹿. 閏月, 唐遣使告哀, 卽日遣使弔祭. 女直來貢.133)		
2월			
3월	女直來貢.	党項來貢.	女直來貢.
4월	唐李從珂弑其主自立. 人皇王倍自唐上書請討.134)	吐谷渾酋長退欲德率衆內附.135)	女直諸部來貢. 賜回鶻使衣有差.136)
5월	女直來貢.137)		
6월	唐李從厚謝弔祭所遣使初至闕.138)	吐渾來貢.	吐谷渾來貢.
7월			烏古來貢. 唐河東節度使石敬瑭爲其主所討, 遣趙瑩因西南路招討盧不姑求救. 時趙德鈞亦遣使至, 河東復遣桑維翰來告急. 遂許興師. 139)
8월	自將南伐.140)		遣蕭轄里報河東師期. 吐谷渾來貢. 自將以援敬瑭.141)
9월	拔河陰.142)		次太原, 會唐將高行周、符彦卿以兵來拒, 遂勒兵陳于太原.143)
10월	略地靈丘, 父老進牛酒犒師. 144)		封敬瑭爲晉王.145)
11월	陽城降. 洼只城降.146)		冊敬瑭爲大晉皇帝. 閏月, 次潞州, 召諸將議, 皆請班師, 從之. 晉帝辭歸, 上與宴飮. 酒酣, 執手約爲父子.147)
12월			

133)『遼史』권3,「本紀」제3, 天顯 9년 정월條.
134)『遼史』권3,「本紀」제3, 天顯 9년 4월條.
135) 표에는 추장명인 "退欲德"이 빠졌음.
136)『遼史』권3,「本紀」제3, 天顯 11년 4월 癸酉條 및 癸未條.
137)『遼史』권3,「本紀」제3, 天顯 9년 5월 癸丑條.
138)『遼史』권3,「本紀」제3, 天顯 9년 6월 辛未條.
139)『遼史』권3,「本紀」제3, 天顯 11년 7월條.
140)『遼史』권3,「本紀」제3, 天顯 9년 8월 壬午條.
141)『遼史』권3,「本紀」제3, 天顯 11년 8월條.
142)『遼史』권3,「本紀」제3, 天顯 9년 9월 丁巳條.

연대	천현 12년 (937)
1월	
2월	
3월	晉遣使來貢. 晉使及諸國使來見.148)
4월	
5월	
6월	晉遣戶部尚書聶延祚等請上尊號, 及歸雁門以北與幽、薊之地, 仍歲貢帛三十萬疋, 詔不許.149)
7월	晉遣使來告范延廣反.150)
8월	晉遣使復請上尊號, 不許. 晉及太原劉知遠、南唐李昪各遣使來貢. 晉遣使以都汴及范延廣降來告.151)
9월	遣直里古使晉及南唐. 女直來貢. 遣使高麗、鐵驪. 回鶻來貢.152)
10월	皇太后永寧節, 晉及回鶻、燉煌諸國皆遣使來賀. 詔回鶻使胡離只等問其風俗. 諸國使還, 就遣蒲里骨皮室胡末里使其國.153)
11월	遣使求醫于晉.154) 鐵驪來貢.
12월	(晉)醫來.155)

143)『遼史』권3,「本紀」제3, 天顯 11년 9월條.
144)『遼史』권3,「本紀」제3, 天顯 9년 10월 丁亥條.
145)『遼史』권3,「本紀」제3, 天顯 11년 10월 甲子條.
146)『遼史』권3,「本紀」제3, 天顯 9년 11월 壬寅條 및 癸卯條.
147)『遼史』권3,「本紀」제3, 天顯 11년 11월條.
148)『遼史』권3,「本紀」제3, 天顯 12년 3월條.
149)『遼史』권3,「本紀」제3, 天顯 12년 6월條.
150)『遼史』권3,「本紀」제3, 天顯 12년 7월 甲子條.
151)『遼史』권3,「本紀」제3, 天顯 12년 8월條.
152)『遼史』권3,「本紀」제3, 天顯 12년 9월條.
153)『遼史』권3,「本紀」제3, 天顯 12년 10월條.
154)『遼史』권3,「本紀」제3, 天顯 12년 11월 己未條.
155)『遼史』권3,「本紀」제3, 天顯 12년 12월 己丑條.

연대	회동會同 원년 (938)	회동 2年 (939)
1월	晉及諸國遣使來賀. 晉使且言已命和凝撰聖德神功碑. 遣人使晉.[156]	以受晉冊, 遣使報南唐、高麗. 御開皇殿, 宴晉使, 賜物有差. 晉遣金吾衞大將軍馬從斌等來貢珍幣. 晉遣使謝免沿邊四州錢幣.[157]
2월	室韋進白麃. 鐵驪來貢. 詔增晉使所經供億戶.[158]	
3월	女直來貢.	女直來貢.
4월	女直來貢.[159] 女直貢弓矢.[160] 西南邊大詳穩耶律魯不古奏党項之捷.	
5월	晉復遣使請上尊號, 從之.[161]	南唐遣使來貢. 回鶻單于使人乞授官, 詔第加刺史、縣令.[162]
6월	吐谷渾及女直來貢.[163] 南唐來貢.[164]	
7월	遣使賜晉馬. 遣鶻離底使晉, 梅里了古使南唐.[165]	晉遣使進犀帶. 吐谷渾來貢. 遣的烈賜晉烏古良馬.[166]
8월	女直來貢.[167] 吐谷渾、烏孫、靺鞨皆來貢.	晉遣使貢歲幣, 奏輸戌、亥二歲金幣于燕京.[168]
9월	黑車子室韋貢名馬. 邊臣奏晉遣守司空馮道、左散騎常侍韋勳來上皇太后尊號, 左僕射劉昫等上皇帝尊號, 遂遣人接伴.[169]	阻卜阿離底來貢.[170] 遣使使晉.[171]
10월	遣郎君迪里姑等撫問晉使. 晉遣使來謝冊禮. 是日, 復有使進獨峯駝及名馬.[172]	
11월	皇太后御開皇殿, 晉使冊上尊號. 皇帝御宣政殿, 冊上尊號. 晉復遣趙瑩奉表來賀, 以幽、薊、瀛、莫、涿、檀、順、媯、儒、新、武、雲、應、朔、寰、蔚十六州幷圖籍來獻.[173]	鐵驪、燉煌並遣使來貢.
12월	遣同括、阿鉢等使晉, 制加晉馮道守太傅, 劉昫守太保, 餘官各有差.[174]	回鶻使者傔人有以刃相擊者, 詔付其使處之.[175]

156)『遼史』 권4,「本紀」 제4, 會同 원년 정월條.
157)『遼史』 권4,「本紀」 제4, 會同 2년 정월條.
158)『遼史』 권4,「本紀」 제4, 會同 원년 2월條.
159)『遼史』 권4,「本紀」 제4, 會同 원년 4월 甲申條.
160) 표에는 "女直國遣使進弓矢"로 되어 있음.
161)『遼史』 권4,「本紀」 제4, 會同 원년 5월 甲寅條.
162)『遼史』 권4,「本紀」 제4, 會同 2년 5월條.
163)『遼史』 권4,「本紀」 제4, 會同 원년 6월 丙子朔條.
164)『遼史』 권4,「本紀」 제4, 會同 원년 6월 辛卯條.
165)『遼史』 권4,「本紀」 제4, 會同 원년 7월條.
166)『遼史』 권4,「本紀」 제4, 會同 2년 7월條.

연대	회동 3년 (940)
1월	吳越王遣使來貢. 回鶻使乞觀諸國使朝見禮, 從之. 遣陪謁等使晉致生辰禮. 晉以幷、鎭、忻、代之吐谷渾來歸.176)
2월	女直來貢. 墨離鶻末里使回鶻阿薩蘭還, 賜對衣勞之. 鴨淥江女直遣使來覲.177)
3월	遣使使晉, 報幸南京. 晉及南唐各遣使來覲.178)
4월	遣人使晉. 晉遣宣徽使楊端等來問起居. 御便殿, 宴晉及諸國使. 晉遣使進茶藥. 晉遣使賀端午, 以所進節物賜羣臣. 南唐進白龜.179)
5월	以端午宴羣臣及諸國使, 命回鶻、燉煌二使作本俗舞, 俾諸使觀之. 晉遣使進弓矢. 遣皇子等使晉.180)
6월	晉及轄剌骨只遣使來見.181)
7월	以安重榮據鎭州叛晉, 詔征南將軍柳嚴邊備. 晉遣使請行南郊禮, 許之.182)
8월	阻卜來貢. 遣使南唐. 阻卜、黑車子室韋、賃烈等國來貢. 南唐遣使求靑氊帳, 賜之.183) 阻卜來貢.184)
9월	侍中崔窮古言:「晉主聞陛下數游獵, 意請節之.」上曰:「朕之畋獵, 非徒從樂, 所以練習武事也.」乃詔論之. 邊將奏破吐谷渾, 擒其長, 詔止誅其首惡及其丁壯, 餘並釋之. 晉遣使貢名馬. 女直及吳越王遣使來貢.185)
10월	遣剋郎使吳越, 略姑使南唐. 晉遣使貢布.186)
11월	南唐遣使奉蠟丸書言晉密事.187)
12월	遣使使晉.188)

167) 『遼史』 권4, 「本紀」 제4, 會同 원년 8월條.
168) 『遼史』 권4, 「本紀」 제4, 會同 2년 8월條.
169) 『遼史』 권4, 「本紀」 제4, 會同 원년 9월條.
170) 표에는 阿離底라는 추장명이 없음.
171) 『遼史』 권4, 「本紀」 제4, 會同 2년 9월 己卯條.
172) 『遼史』 권4, 「本紀」 제4, 會同 원년 10월條.
173) 『遼史』 권4, 「本紀」 제4, 會同 원년 11월條.
174) 『遼史』 권4, 「本紀」 제4, 會同 원년 12월條.
175) 『遼史』 권4, 「本紀」 제4, 會同 2년 12월條.
176) 『遼史』 권4, 「本紀」 제4, 會同 3년 정월條.
177) 『遼史』 권4, 「本紀」 제4, 會同 3년 2월條.
178) 『遼史』 권4, 「本紀」 제4, 會同 3년 3월條.
179) 『遼史』 권4, 「本紀」 제4, 會同 3년 4월條.
180) 『遼史』 권4, 「本紀」 제4, 會同 3년 5월條.
181) 『遼史』 권4, 「本紀」 제4, 會同 3년 6월 庚子條.
182) 『遼史』 권4, 「本紀」 제4, 會同 3년 7월條.
183) 『遼史』 권4, 「本紀」 제4, 會同 3년 8월條.
184) 馮家昇의 『遼史初校』에는 전후를 보아 두 번이나 나오는 "阻卜來貢"을 衍文으로 보았다.
185) 『遼史』 권4, 「本紀」 제4, 會同 3년 9월條.

연대	회동 4년 (941)
1월	南唐遣使來貢. 涅刺、烏隗部獻党項俘獲數. 詔定征党項功.[189]
2월	晉遣使進香藥. 鐵驪來貢. 晉遣使來貢, 且言鎭州安重榮跋扈狀, 遂留不遣. 安重榮執遼使者拽刺.[190]
3월	特授回鶻使闊里于越, 幷賜旌旗、弓劍、衣馬, 餘賜有差. 晉以許祀南郊, 遣使來謝, 進黃金十鎰.[191]
4월	晉遣使進櫻桃.[192] (魯不古伐党項回, 獻俘.)[193]
5월	吐谷渾夷離菫蘇等叛入晉. 遣牒蠟往諭晉及太原守臣.[194]
6월	振武軍節度副使趙崇逐其節度使, 以朔州叛, 附晉. 命宣徽使褭古只赴朔州, 以兵圍其城, 有晉使至請開壁, 卽勿聽, 驛送闕下.[195]
7월	南唐遣使奉蠟丸書. 褭古只奏請遣使至朔令降, 守者猶堅壁弗納. 且言晉有貢物, 命卽以所貢物賜攻城將校. 晉遣使進水晶硯.[196]
8월	南唐奉蠟丸書. 晉遣使進犀弓、竹矢. 吳越王遣使奉蠟丸書.[197]
9월	
10월	吳越王遣使來貢.[198]
11월	晉以討安重榮來告. 吐谷渾請降, 遣使撫諭.[199] 阻卜來貢, 以其物賜左右. 鴨渌江女直來貢.[200]
12월	晉遣使來告山南節度使安從進反. 詔以便宜討之. 南唐遣使奉蠟丸書. 晉遣王升鸞來貢. 晉以敗安重榮來告, 遂遣楊彦詢歸. 晉遣使乞罷戍兵, 詔班師. 攻拔朔州.[201]

186) 『遼史』 권4, 「本紀」 제4, 會同 3년 10월條.
187) 『遼史』 권4, 「本紀」 제4, 會同 3년 11월條.
188) 『遼史』 권4, 「本紀」 제4, 會同 3년 12월 丙申條.
189) 『遼史』 권4, 「本紀」 제4, 會同 4년 정월 丙子條.
190) 『遼史』 권4, 「本紀」 제4, 會同 4년 2월條.
191) 『遼史』 권4, 「本紀」 제4, 會同 4년 3월條.
192) 『遼史』 권4, 「本紀」 제4, 會同 4년 4월 己卯條.
193) 「본기」에는 이 기사가 없으므로 삭제함.
194) 『遼史』 권4, 「本紀」 제4, 會同 4년 5월條.
195) 『遼史』 권4, 「本紀」 제4, 會同 4년 6월條.
196) 『遼史』 권4, 「本紀」 제4, 會同 4년 7월條.
197) 『遼史』 권4, 「本紀」 제4, 會同 4년 8월條.
198) 『遼史』 권4, 「本紀」 제4, 會同 4년 10월 癸卯條.
199) 표에는 "吐谷渾降"으로 되어 있음.
200) 표에는 "女直國遣使來貢"으로 되어 있음.
201) 『遼史』 권4, 「本紀」 제4, 會同 4년 12월條.

연대	회동 5년 (942)
1월	晉函安重榮首來獻. 上數欲親討重榮, 至是乃止. 遣使使晉. 晉以朔州平, 遣使來賀, 遂遣使晉幷致生辰禮.202)
2월	遣使使晉索吐谷渾叛者.203)
3월	晉遣齊州防禦使宋暉業等來問起居.204)
4월	鐵驪來貢, 以其物分賜群臣. 晉遣使進射柳鞍馬.205)
5월	
6월	晉齊王重貴遣使來貢. 徒覩古、素撒來貢.206) 晉主敬瑭殂, 子重貴立. 晉遣使告哀. 遣使往晉弔祭.207)
7월	晉遣金吾衛大將軍梁言等來謝, 書稱「孫」, 不稱「臣」, 遣客省使喬榮讓之. 景延廣答曰:「先帝則聖朝所立, 今主則我國自冊. 爲鄰爲孫則可, 奉表稱臣則不可.」 榮還, 具奏有南伐之意. 阻卜來貢. 晉遣使以祖母哀來告.208)
8월	女直、阻卜各貢方物.209) 遣天城軍節度使蕭拜石弔祭于晉.210)
9월	遣使賀晉帝嗣位.211)
10월	遣將軍密骨德伐党項.212)
11월	
12월	晉遣使來謝.213)

202) 『遼史』 권4, 「本紀」 제4, 會同 5년 정월條.
203) 『遼史』 권4, 「本紀」 제4, 會同 5년 2월條.
204) 『遼史』 권4, 「本紀」 제4, 會同 5년 3월條.
205) 『遼史』 권4, 「本紀」 제4, 會同 5년 4월 丙子條.
206) 표에는 "素撒國人來貢"으로 되어 있음.
207) 『遼史』 권4, 「本紀」 제4, 會同 5년 6월條.
208) 『遼史』 권4, 「本紀」 제4, 會同 5년 7월條.
209) 『遼史』 권4, 「本紀」 제4, 會同 5년 8월條. 표에는 "阻卜貢方物"로만 되어 있음.
210) 『遼史』 권4, 「本紀」 제4, 會同 5년 8월 癸酉條.
211) 『遼史』 권4, 「本紀」 제4, 會同 5년 9월 壬辰條.
212) 『遼史』 권4, 「本紀」 제4, 會同 5년 10월條. 표에는 "党項逆, 命伐之"로 되어 있음.
213) 『遼史』 권4, 「本紀」 제4, 會同 5년 12월 癸亥條.

연대	회동 6년 (943)	회동 7년 (944)
1월		趙延壽等南伐. 晉遣使來修舊好, 詔割河北諸州, 及遣桑維翰、景延廣來議.[214]
2월	晉遣使進先帝遺物. 晉遣使請居汴, 從之.[215]	攻博州.[216]
3월	吳越王遣使來貢. 南唐遣使奉蠟丸書. 晉至汴, 遣使來謝.[217]	於澶淵與晉交兵, 晉兵奔潰.[218]
4월		
5월	遣使如晉致生辰禮.[219]	(賃烈、要里等國來貢.)[220]
6월	鐵驪來貢. 晉遣使貢金.[221]	黑車子室韋來貢. 紙沒里、要里等國來貢.[222]
7월		晉楊光遠遣人奉蠟丸書. 晉遣張暉奉表乞和, 留暉不遣.[223]
8월	晉復貢金. 晉遣其子延煦來朝.[224]	回鶻請婚, 不許. 晉兵來襲飛狐, 大同軍節度使耶律孔阿戰敗之.[225]
9월		
10월		天授節, 諸國進賀, 惟晉不至.[226]
11월	上京留守耶律迪輦得晉諜, 知有二心. 鐵驪來貢.[227]	
12월	如南京. 命趙延壽、趙延昭等由滄、恒、易、定分道而進, 大軍繼之.[228]	南伐. 次古北口. 圍恒州, 下其九縣.[229]

214)『遼史』권4,「本紀」제4, 會同 7년 정월條.
215)『遼史』권4,「本紀」제4, 會同 6년 2월條.
216)『遼史』권4,「本紀」제4, 會同 7년 2월 甲辰朔條.
217)『遼史』권4,「本紀」제4, 會同 6년 3월條.
218)『遼史』권4,「本紀」제4, 會同 7년 3월條.
219)『遼史』권4,「本紀」제4, 會同 6년 5월 乙亥條.
220)「본기」에는 이 기사가 없고, 6월에 "紙沒里、要里等國來貢"이라는 기사가 있음.
221)『遼史』권4,「本紀」제4, 會同 6년 6월條.
222)『遼史』권4,「本紀」제4, 會同 7년 6월條.
223)『遼史』권4,「本紀」제4, 會同 7년 7월條.
224)『遼史』권4,「本紀」제4, 會同 6년 8월條.
225)『遼史』권4,「本紀」제4, 會同 7년 8월條.
226)『遼史』권4,「本紀」제4, 會同 7년 10월條.
227)『遼史』권4,「本紀」제4, 會同 6년 11월條.
228)『遼史』권4,「本紀」제4, 會同 6년 12월條.
229)『遼史』권4,「本紀」제4, 會同 7년 12월條.

연대	회동 8년 (945)	회동 9년 (946)
1월	分兵攻邢、洺、磁三州, 殺掠殆盡. 入鄴都境與晉兵. 交刃.[230]	回鶻來貢. 女直來貢.
2월	圍魏, 晉將杜重威率兵來救.[231]	
3월	師拔祁州, 杜重威等引兵南遁, 追至陽城, 大敗之. 圍晉兵于白團衞村. 交兵數次, 遼軍不利.[232]	吐谷渾遣軍校恤烈獻生口千戶, 授檢校司空.[233]
4월		吐谷渾白可久來附.
5월		晉易州戍將孫方簡請內附. (女直來貢.)[234]
6월	回鶻來貢. 吐谷渾來貢. (紝沒里、要里等國貢方物.)[235]	
7월	晉遣孟守中奉表請和, 仍以前事答之.[236]	女直來貢. 以阻卜酋長曷剌爲本部夷離董.[237]
8월		烏古來貢. 自將南伐.[238]
9월		趙延壽與晉張彥澤戰于定州, 敗之.[239]
10월		
11월	女直、鐵驪來貢.[240]	進圍鎮州. 攻下欒城. 晉兵內外隔絶, 食盡勢窮.[241]
12월	臘, 賜諸國貢使衣馬.[242]	杜重威等率所部二十萬衆來降. 晉帝重貴素服拜命, 奉表請罪.[243]

230) 『遼史』 권4, 「本紀」 제4, 會同 8년 정월條.
231) 『遼史』 권4, 「本紀」 제4, 會同 8년 2월條.
232) 『遼史』 권4, 「本紀」 제4, 會同 8년 3월條.
233) 『遼史』 권4, 「本紀」 제4, 會同 9년 3월條. 표에는 "吐渾進生口"라 했음.
234) 「본기」에는 없음. 동년 7월의 기사가 배열의 착오로 삽입되었는지도 모르겠다.
235) 「본기」에는 없음. 회동 7년 6월에 동일한 기사가 있다. 그러나 표에는 나오지 않고 한 해 지나서 같은 달에 나오는 것으로 보아 纂者의 배열착오일 것이다.
236) 『遼史』 권4, 「本紀」 제4, 會同 8년 7월條.
237) 『遼史』 권4, 「本紀」 제4, 會同 9년 7월條.
238) 『遼史』 권4, 「本紀」 제4, 會同 9년 8월條.
239) 『遼史』 권4, 「本紀」 제4, 會同 9년 9월條.
240) 『遼史』 권4, 「本紀」 제4, 會同 8년 11월條. 표에는 女直이 없음.
241) 『遼史』 권4, 「本紀」 제4, 會同 9년 11월條.
242) 『遼史』 권4, 「本紀」 제4, 會同 8년 12월條.
243) 『遼史』 권4, 「本紀」 제4, 會同 9년 12월條.

연대	대동大同 원년 천록天祿 원년 (947)	천록 2년 (948)	천록 3년 (949)	천록 4년 (950)
1월	備法駕入汴, 御崇元殿受百官賀.[244]	罰盆都使轄戞斯國.[245]		
2월				
3월				南唐遣趙延嗣等來賀南征捷.[246]
4월	發自汴州. 次赤岡.[247]	南唐遣李朗、王祚來慰且賀, 兼奉蠟丸書, 議攻漢.[248]		
5월				
6월				
7월				
8월				
9월			召群臣議南伐.[249]	
10월			遣諸將率兵攻下貝州等, 徇地鄴都等.[250]	自將南伐, 攻下安平等城, 大獲而還.[251]
11월				
12월				

244) 『遼史』 권4, 「本紀」 제4, 大同 원년 정월條.
245) 『遼史』 권5, 「本紀」 제5, 天祿 2년 정월條.
246) 『遼史』 권5, 「本紀」 제5, 天祿 4년 3월條.
247) 『遼史』 권4, 「本紀」 제4, 大同 원년 4월條.
248) 『遼史』 권5, 「本紀」 제5, 天祿 2년 4월條.
249) 『遼史』 권5, 「本紀」 제5, 天祿 3년 9월 辛丑條.
250) 『遼史』 권5, 「本紀」 제5, 天祿 3년 10월條.
251) 『遼史』 권5, 「本紀」 제5, 天祿 4년 10월條.

연대	천록 5년 / 응력應曆 원년 (951)	응력 2년 (952)
1월	漢郭威弑其主自立, 國號周, 遣朱憲來告. 卽遣使致良馬.[252]	南唐遣使奉蠟丸書, 及進犀兕甲萬屬.[253] (女直來貢.)[254]
2월	周遣姚漢英等來, 以書辭抗禮, 留漢英等.[255]	女直來貢.[256]
3월		南唐遣使奉蠟丸書. 復遣使來貢.[257] (鐵驪貢鷹.)[258]
4월		鐵驪進鷹鶻.[259]
5월		南唐遣使來貢.[260]
6월	劉崇爲周所攻, 遣使稱姪, 乞援, 且求封冊. 卽遣燕王牒蠟等冊爲大漢神武皇帝. 南唐遣蔣洪來, 乞舉兵應援.[261]	漢爲周所侵, 遣使求援, 命中臺省右相高模翰赴之.[262]
7월		
8월		
9월	自將南伐.[263] 遣劉承訓告哀于漢.[264]	
10월		回鶻及轄戞斯皆遣使來貢.
11월	漢、周、南唐各遣使來弔.[265]	
12월	漢遣使獻弓矢、鞍馬. 鐵驪來貢.[266]	高模翰及漢兵圍晉州.[267]

252) 『遼史』 권5, 「本紀」 제5, 天祿 5년 정월條.
253) 『遼史』 권6, 「本紀」 제6, 應曆 2년 정월條.
254) 「본기」에는 동년 2월조에 나온다. 배열착오일 것임. 삭제.
255) 『遼史』 권5, 「本紀」 제5, 天祿 5년 2월條.
256) 『遼史』 권6, 「本紀」 제6, 應曆 2년 2월條.
257) 『遼史』 권6, 「本紀」 제6, 應曆 2년 3월條.
258) 「본기」에는 동년 4월조에 나온다. 배열착오일 것임.
259) 『遼史』 권6, 「本紀」 제6, 應曆 2년 4월條.
260) 『遼史』 권6, 「本紀」 제6, 應曆 2년 5월條.
261) 『遼史』 권5, 「本紀」 제5, 天祿 5년 6월條.
262) 『遼史』 권6, 「本紀」 제6, 應曆 2년 6월條.
263) 『遼史』 권5, 「本紀」 제5, 天祿 5년 9월 庚申朔條.
264) 『遼史』 권6, 「本紀」 제6, 天祿 5년 9월條.
265) 『遼史』 권6, 「本紀」 제6, 天祿 5년 11월條.
266) 『遼史』 권6, 「本紀」 제6, 天祿 5년 12월條.
267) 『遼史』 권6, 「本紀」 제6, 應曆 2년 12월條.

연대	응력 3년 (953)	응력 4년 (954)
1월	漢以高模翰却周軍, 遣使來謝.268)	回鶻來貢.269)
2월	太保敵烈修易州城, 鎭州以兵來挑戰, 却之.270)	周攻漢, 命政事令耶律敵祿援之. 漢遣使進茶藥.271)
3월	南唐遣使來貢, 因附書于漢, 詔達之. 漢遣使進毬衣及馬.272) (鐵驪來貢.)273)	
4월	鐵驪來貢.274)	
5월	漢遣使言石晉樹先帝聖德神功碑爲周人所毁, 請再刻, 許之.275)	忻、代州叛漢, 遣南院大王撻烈助敵祿討之. 撻烈敗周將符彥卿於忻口.276)
6월		
7월		漢民有爲遼軍誤掠者, 遣使來請. 詔悉歸之. 277)
8월	漢遣使求援. 三河烏古、吐蕃、吐谷渾遣使來貢.278)	
9월	漢遣使貢藥.279)	漢爲周人所侵, 遣使來告.280)
10월		
11월	(謚皇太后曰貞烈, 葬祖陵). 漢遣使來會. 281)	
12월		漢遣使來貢.282)

268)『遼史』 권6, 「本紀」 제6, 應曆 3년 정월條.
269)『遼史』 권6, 「本紀」 제6, 應曆 4년 정월條.
270)『遼史』 권6, 「本紀」 제6, 應曆 3년 2월條.
271)『遼史』 권6, 「本紀」 제6, 應曆 4년 2월條.
272)『遼史』 권6, 「本紀」 제6, 應曆 3년 3월條.
273)「본기」에는 동년 4월조에 나온다. 배열착오일 것임.
274)『遼史』 권6, 「本紀」 제6, 應曆 3년 4월條.
275)『遼史』 권6, 「本紀」 제6, 應曆 3년 5월條.
276)『遼史』 권6, 「本紀」 제6, 應曆 4년 5월條.
277)『遼史』 권6, 「本紀」 제6, 應曆 4년 7월條.
278)『遼史』 권6, 「本紀」 제6, 應曆 3년 8월條.
279)『遼史』 권6, 「本紀」 제6, 應曆 3년 9월條.
280)『遼史』 권6, 「本紀」 제6, 應曆 4년 9월條.
281)『遼史』 권6, 「本紀」 제6, 應曆 3년 11월條.
282)『遼史』 권6, 「本紀」 제6, 應曆 4년 12월條.

연대	응력 5년 (955)	응력 6년 (956)	응력 7년 (957)	응력 8년 (958)
1월				
2월	漢遣使請上尊號, 不許.283)		南唐遣使奉蠟丸書. 284)	
3월				
4월	周侵漢, 漢遣使求援.285)			
5월			漢遣使來貢.286)	周陷束城縣.287)
6월		漢遣使來議軍事. 288)	周遣使來聘. 南唐遣使來貢.289)	
7월				
8월			周遣使來聘.290)	
9월	漢主有疾, 遣使來告.291)			
10월	女直來貢. 南唐遣使來貢.292)			
11월	漢主崇殂, 子承鈞遣使來告, 且求嗣立; 遣使弔祭, 遂封冊之. 293)			漢遣使來告周復來侵. 使再至.294)
12월	漢遣使來議軍事. 295)			

283) 『遼史』 권6, 「本紀」 제6, 應曆 5년 2월條.
284) 『遼史』 권6, 「本紀」 제6, 應曆 7년 2월條.
285) 『遼史』 권6, 「本紀」 제6, 應曆 5년 4월條.
286) 『遼史』 권6, 「本紀」 제6, 應曆 7년 5월條.
287) 『遼史』 권6, 「本紀」 제6, 應曆 8년 5월條.
288) 『遼史』 권6, 「本紀」 제6, 應曆 6년 6월 甲子條.
289) 『遼史』 권6, 「本紀」 제6, 應曆 7년 6월條.
290) 『遼史』 권6, 「本紀」 제6, 應曆 7년 8월條.
291) 『遼史』 권6, 「本紀」 제6, 應曆 5년 9월條.
292) 『遼史』 권6, 「本紀」 제6, 應曆 5년 10월條.
293) 『遼史』 권6, 「本紀」 제6, 應曆 5년 11월條.
294) 『遼史』 권6, 「本紀」 제6, 應曆 8년 11월條.
295) 『遼史』 권6, 「本紀」 제6, 應曆 5년 12월條.

연대	응력 9년 (959)	응력 10년 (960)	응력 11년 (961)	응력 12년 (962)	응력 13년 (963)
1월					宋欲城益津關，命南京留守高勳、統軍使崔廷勳以兵擾之.296)
2월					漢遣使來告, 欲巡邊徼, 乞張聲援.297)
3월					
4월	周來侵. 周拔益津、瓦橋、淤口三關.298)				
5월	陷瀛、莫二州. 周兵退.299)	漢以潞州歸附來告.300)			視斡朗改國所進花鹿生麛.
6월		漢以宋兵圍石州來告, 遣大同軍節度使阿剌率四部往援, 詔蕭思溫以三部兵助之.301)			
7월		宋兵陷石州, 潞州復叛, 漢使來告.302)			漢以宋侵來告.303)
8월				(女直國貢鼻上有毛小兒.)304)	
9월					
10월					漢以宋侵來告.305)
11월					
12월					

296) 『遼史』 권6, 「本紀」 제6, 應曆 13년 정월條.
297) 『遼史』 권6, 「本紀」 제6, 應曆 13년 2월條.
298) 『遼史』 권6, 「本紀」 제6, 應曆 9년 4월條.
299) 『遼史』 권6, 「本紀」 제6, 應曆 9년 5월條.
300) 『遼史』 권6, 「本紀」 제6, 應曆 10년 5월條.
301) 『遼史』 권6, 「本紀」 제6, 應曆 10년 6월條.
302) 『遼史』 권6, 「本紀」 제6, 應曆 10년 7월條.
303) 『遼史』 권6, 「本紀」 제6, 應曆 13년 7월條.
304) 「본기」에 없으므로 삭제함.
305) 『遼史』 권6, 「本紀」 제6, 應曆 13년 10월條.

연대	응력 14년 (964)	응력 15년 (965)	응력 16년 (966)	응력 17년 (967)	응력 18년 (968)
1월	漢以宋將來襲, 馳告. 306)				
2월	詔西南面招討使撻烈進兵援漢. 漢以敗宋兵石州來告.307)			高勳奏宋將城益津關, 請以偏師擾之, 上從之.308)	
3월					
4월	漢以擊退宋軍, 遣使來謝.309)				
5월					
6월					
7월					漢主承鈞殂, 子繼元立, 來告, 遣使弔祭.310)
8월			漢遣使貢金器、鎧甲.311)		
9월					
10월			漢主有母喪, 遣使賻弔.312)		宋圍太原, 詔撻烈爲兵馬總管, 發諸道兵救之. 313)
11월					
12월			漢遣使來貢. 314)		

306)『遼史』 권7, 「本紀」 제7, 應曆 14년 정월條.
307)『遼史』 권7, 「本紀」 제7, 應曆 14년 2월條.
308)『遼史』 권7, 「本紀」 제7, 應曆 17년 2월條.
309)『遼史』 권7, 「本紀」 제7, 應曆 14년 4월條.
310)『遼史』 권7, 「本紀」 제7, 應曆 18년 7월條.
311)『遼史』 권7, 「本紀」 제7, 應曆 16년 8월條.
312)『遼史』 권7, 「本紀」 제7, 應曆 16년 10월條.
313)『遼史』 권7, 「本紀」 제7, 應曆 18년 10월條.
314)『遼史』 권7, 「本紀」 제7, 應曆 16년 12월 戊辰條.

연대	응력 19년 보녕保寧 원년 (969)	보녕 2년 (970)	보녕 3년 (971)	보녕 4년 (972)	보녕 5년 (973)
1월					惕隱休哥伐党項破之, 以俘獲之數來上. 漢遣使來貢.315)
2월	漢劉繼元嗣立, 遣使乞封冊. 遣韓知範冊爲皇帝. 漢遣使進白麃.316)		遣鐸遏使阿薩蘭回鶻.317)	漢以皇子生, 遣使來賀. 318)	
3월					
4월					
5월	漢遣李匡弼、劉繼文、李元素等來賀.319)				女直侵邊, 殺都監達里迭、拽剌斡里魯, 驅掠邊民牛馬.320) 阿薩蘭回鶻來貢. 321)
6월			漢遣使問起居. 回鶻遣使來貢. 322)		女直宰相及夷離菫來朝. 漢遣人以宋事來告.323)
7월			(漢以宋人來攻, 遣使來告.)324)		
8월					
9월					
10월			漢遣使來貢. 吐谷渾來貢.		
11월					
12월		漢遣使來貢. 325)			漢將改元, 遣使禀命.326)

315) 『遼史』 권8, 「本紀」 제8, 保寧 5년 정월條.
316) 『遼史』 권7, 「本紀」 제7, 應曆 19년 2월條.
317) 『遼史』 권8, 「本紀」 제8, 保寧 3년 2월條.
318) 『遼史』 권8, 「本紀」 제8, 保寧 4년 2월 癸亥條.
319) 『遼史』 권8, 「本紀」 제8, 保寧 원년 5월條.
320) 표에는 "女直國侵邊"으로만 되어 있고 내용은 없음.
321) 『遼史』 권8, 「本紀」 제8, 保寧 5년 5월條.
322) 『遼史』 권8, 「本紀」 제8, 保寧 3년 6월條.
323) 『遼史』 권8, 「本紀」 제8, 保寧 5년 6월條.
324) 「本紀」에는 없음. 그러므로 삭제.

연대	보녕 6년 (974)	보녕 7년 (975)	보녕 8년 (976)
1월		宋遣使來賀.[327]	宋遣使來聘.[328]
2월		漢雁門節度使劉繼文來朝, 貢方物.[329]	
3월	宋遣使請和, 以涿州刺史耶律昌朮加侍中與宋議和.[330]		
4월		遣郎君矧思使宋.[331]	
5월			
6월			
7월			宋遣使來賀天清節.[332]
8월			漢遣使言天清節設無遮會, 飯僧祝釐. 漢以宋事來告.[333] 女直侵貴德州東境.
9월			東京統軍使察鄰等奏女直襲歸州五寨, 剽掠而去. 漢爲宋人所侵, 遣使求援, 命南府宰相等赴之. 漢以宋師壓境, 遣駙馬都尉盧俊來告.[334]
10월			漢以遼師退宋軍來謝.[335]
11월			宋主匡胤殂, 其弟炅自立, 遣使來告. 遣郎君王六等使宋弔慰.[336]
12월			漢以宋軍復至, 掠其軍儲來告, 且乞賜糧爲助.[337] 轄戛斯國遣使來貢.

325)『遼史』 권8, 「本紀」 제8, 保寧 2년 12월條.
326)『遼史』 권8, 「本紀」 제8, 保寧 5년 12월條.
327)『遼史』 권8, 「本紀」 제8, 保寧 7년 정월條.
328)『遼史』 권8, 「本紀」 제8, 保寧 8년 정월 癸酉條.
329)『遼史』 권8, 「本紀」 제8, 保寧 7년 2월條.
330)『遼史』 권8, 「本紀」 제8, 保寧 6년 3월條.
331)『遼史』 권8, 「本紀」 제8, 保寧 7년 4월條.
332)『遼史』 권8, 「本紀」 제8, 保寧 8년 7월條.
333)『遼史』 권8, 「本紀」 제8, 保寧 8년 8월條.
334)『遼史』 권8, 「本紀」 제8, 保寧 8년 9월條.
335)『遼史』 권8, 「本紀」 제8, 保寧 8년 10월條.
336)『遼史』 권8, 「本紀」 제8, 保寧 8년 11월條.
337)『遼史』 권8, 「本紀」 제8, 保寧 8년 12월條.

연대	보녕 9년 (977)	보녕 10년 (978)	건형乾亨 원년 (979)
1월	女直遣使來貢.		遣撻馬長壽使宋, 問興師伐劉繼元之故. 長壽還, 言「河東逆命, 所當問罪. 若北朝不援, 和約如舊; 不然則戰」.338)
2월	宋遣使致其先帝遺物.339)	阿薩蘭回鶻來貢.	漢以宋兵壓境, 遣使乞援.340)
3월	詔以粟二十萬斛助漢.341)		漢遣使謝撫諭軍民, 詔北院大王奚底、乙室王撒合等以兵戍燕. 漢復告宋兵入境, 詔左千牛衞大將軍韓侼等以本路兵南援. 女直來貢.342) 耶律沙等與宋戰於白馬嶺, 不利. 士卒死傷甚衆.343)
4월		女直遣使來貢.	漢以行軍事宜來奏, 盧俊自代州馳狀告急.344)
5월	漢遣使來謝, 且以宋事來告.345) 女直二十一人來請宰相、夷離堇之職, 以次授之.		宋兵至河東, 漢與戰, 不利, 劉繼文、盧俊來奔.346)
6월			劉繼元降宋, 漢亡. 宋主來侵. 宋主圍南京.347)
7월	回鶻遣使來貢. 宋遣使來聘. 漢以宋侵來告. 遣使助漢戰馬.348)		沙等及宋兵戰于高梁河, 少却; 休哥、斜軫橫擊, 大敗之. 宋主僅以身免, 至涿州, 竊乘驢車遁去. 擊宋餘軍, 所殺甚衆, 獲兵仗等不可勝計.349)
8월	漢遣使進葡萄酒.350)		阻卜惕隱曷魯等來朝.351)
9월			
10월	耶律沙以党項降酋可醜、買友來見, 賜詔撫諭. 以可醜爲司徒, 買友爲太保, 各賜物遣之. 女直遣使來貢. 漢復遣使以宋事來告.352)		韓匡嗣與宋兵戰於滿城, 敗績. 太保矧思與宋兵戰於火山, 敗之.353)
11월	吐谷渾叛入太原四百餘戶, 索而還之.		
12월			

338)『遼史』 권9, 「本紀」 제9, 乾亨 원년 정월條.
339)『遼史』 권9, 「本紀」 제9, 保寧 9년 2월條.
340)『遼史』 권9, 「本紀」 제9, 乾亨 원년 2월條.
341)『遼史』 권9, 「本紀」 제9, 保寧 9년 3월條.
342) 표에는 "女直國宰相遣使來貢"이라 하였다.
343)『遼史』 권9, 「本紀」 제9, 乾亨 원년 3월條.
344)『遼史』 권9, 「本紀」 제9, 乾亨 원년 4월條.
345)『遼史』 권9, 「本紀」 제9, 保寧 9년 5월條.

연대	건형 2년 (980)	건형 3년 (981)	건형 4년 (982)
1월			
2월			
3월			
4월			自將南伐. 至滿城, 戰不利, 守太尉奚瓦里中流矢死. 354)
5월			
6월			
7월			
8월			
9월			
10월	將南伐. 祭旗鼓. 圍瓦橋關.355)		
11월	宋兵夜襲營, 突呂不部節度使蕭幹等戰却之. 休哥敗宋兵於瓦橋東, 守將張師引兵出戰, 休哥奮擊, 敗之. 宋兵陣於水南, 休哥涉水擊破之, 追至莫州, 殺傷甚衆. 宋兵復來, 擊之殆盡, 班師.356)		
12월			耶律速撒討阻卜. 南京留守荊王道隱奏宋遣使獻犀帶請和, 詔以無書却之.357)

346)『遼史』권9,「本紀」제9, 乾亨 원년 5월條.
347)『遼史』권9,「本紀」제9, 乾亨 원년 6월條.
348)『遼史』권9,「本紀」제9, 保寧 9년 7월條.
349)『遼史』권9,「本紀」제9, 乾亨 원년 7월條.
350)『遼史』권9,「本紀」제9, 保寧 9년 8월條.
351)『遼史』권9,「本紀」제9, 乾亨 원년 8월條.
352)『遼史』권9,「本紀」제9, 保寧 9년 10월條.
353)『遼史』권9,「本紀」제9, 乾亨 원년 10월條.
354)『遼史』권9,「本紀」제9, 乾亨 4년 4월條.
355)『遼史』권9,「本紀」제9, 乾亨 2년 10월條.
356)『遼史』권9,「本紀」제9, 乾亨 2년 11월條.
357)『遼史』권10,「本紀」제10, 乾亨 4년 12월條.

연대	통화統和 원년 (983)
1월	西南面招討使韓德威奏党項十五部侵邊, 以兵擊破之. 以速撒破阻卜, 下詔褒美; 仍諭與大漢討党項諸部.[358]
2월	南京奏, 聞宋多聚糧邊境及宋主將如臺山, 詔休哥嚴爲之備. 南京統軍使耶律善補奏宋邊七十餘村來附, 詔撫存之. 速撒奏討党項捷, 遣使慰勞.[359]
3월	
4월	
5월	西南路招討請益兵討西突厥諸部, 詔北王府耶律蒲奴寧以敵畢、迭烈二部兵赴之. 耶律善補招亡入宋者, 得千餘戶歸國, 詔令撫慰. 西南路招討使大漢奏, 近遣拽剌跋剌哥諭党項諸部, 來者甚衆, 下詔褒美.[360]
6월	西南路招討使奏党項酋長執夷離堇子隈引等乞內附, 詔撫納之, 仍察其誠僞, 謹邊備.[361]
7월	韓德威遣詳穩轄馬上破党項俘獲數, 幷送夷離堇之子來獻.
8월	韓德威表請伐党項之復叛者, 詔許之; 仍發別部兵數千以助之.[362]
9월	
10월	上將征高麗, 親閱東京留守耶律末只所總兵馬. 命宣徽使兼侍中蒲領、林牙肯德等將兵東討, 賜旗鼓及銀符.[363]
11월	
12월	

358)『遼史』권10,「本紀」제10, 統和 원년 정월條.
359)『遼史』권10,「本紀」제10, 統和 원년 2월條.
360)『遼史』권10,「本紀」제10, 統和 원년 5월條.
361)『遼史』권10,「本紀」제10, 統和 원년 6월條.
362)『遼史』권10,「本紀」제10, 統和 원년 8월條.
363)『遼史』권10,「本紀」제10, 統和 원년 10월條.

연대	통화 2년 (984)	통화 3년 (985)
1월		
2월	東路行軍、宣徽使耶律蒲寧奏討女直捷, 遣使執手獎諭. 韓德威以征党項回, 遂襲河東, 獻所俘, 賜詔褒美.364)	
3월		
4월	宣徽使同平章事耶律普寧、都監蕭勤德獻征女直捷.365)	
5월		
6월		
7월		詔諸道繕甲兵, 以備東征高麗. 遣使閱東京諸軍兵器及東征道路.366)
8월	東京留守兼侍中耶律末只奏, 女直朮不直、賽里等八族乞舉衆內附, 詔納之.367)	以遼澤沮洳, 罷征高麗. 命樞密使耶律斜軫爲都統, 駙馬都尉蕭懇德爲監軍, 以兵討女直. 東征都統所奏路尚陷濘, 未可進討, 詔俟澤涸深入.368)
9월		閏九月, 詔諭東征將帥, 乘水涸進討.369) 女直宰相朮不里來貢.370)
10월		
11월	速撒等討阻卜, 殺其酋長撻剌干.371)	東征女直, 都統蕭闥覽、菩薩奴以行軍所經地里、物產來上.372)
12월		

364)『遼史』 권10, 「本紀」 제10, 統和 2년 2월條.
365)『遼史』 권10, 「本紀」 제10, 統和 2년 4월條.
366)『遼史』 권10, 「本紀」 제10, 統和 3년 7월條.
367)『遼史』 권10, 「本紀」 제10, 統和 2년 8월條. 표에는 "女直宰相海里等八族內附"라 하였음.
368)『遼史』 권10, 「本紀」 제10, 統和 3년 8월條.
369)『遼史』 권10, 「本紀」 제10, 統和 3년 9월條.
370)『遼史』 권10, 「本紀」 제10, 統和 3년 9월條. 표에는 "女直國宰相朮里補來朝"라 하였음.
371)『遼史』 권10, 「本紀」 제10, 統和 2년 11월條.
372)『遼史』 권10, 「本紀」 제10, 統和 3년 11월條.

연대	통화 4년 (986)
1월	林牙耶律謀魯姑、彰德軍節度使蕭闥覽上東征俘獲, 賜詔獎諭. 樞密使耶律斜軫等上討女直所獲生口十餘萬、馬二十餘萬及諸物. 樞密使斜軫等克女直還軍.373)
2월	以四番都統軍李繼忠爲檢校司徒、上柱國. 西夏李繼遷叛宋來降, 以爲定難軍節度使、銀夏綏宥等州觀察處置等使、特進檢校太師、都督夏州諸軍事. 西番酋帥瓦泥乞移爲保大軍節度使、鄜坊等州觀察處置等使.374)
3월	于越休哥奏宋遣曹彬等由雄州道, 田重進飛狐道, 潘美等雁門道來侵, 岐溝、涿州、固安、新城皆陷. 統軍使耶律頗德敗宋軍于固安. 宋兵入涿州. 遼軍與宋田重進戰于飛狐, 不利.375)
4월	宋潘美陷雲州. 宋將曹彬、米信北渡拒馬河, 與于越休哥對壘, 挑戰, 南北列營長六七里. 休哥等敗宋軍, 獻所獲物. 圍固安城, 城遂破.376)
5월	遼師與曹彬、米信戰于岐溝關, 大敗之, 班師. 休哥、蒲領奏宋兵奔逃者皆殺之. 詔遣詳穩排亞率弘義宮兵等赴應、朔二州界, 與惕隱瑤昇等同禦宋兵在山西之未退者. 詔休哥備器甲, 儲粟, 待秋大舉南征. 斜軫奏宋軍復圍蔚州, 擊破之.377)
6월	聞所遣宣諭回鶻. 覈列哿國度里、亞里等爲朮不姑邀留, 詔速撒賜朮不姑貨幣, 諭以朝廷來遠之意, 使者由是乃得行.378)
7월	樞密使斜軫遣侍御涅里底等奏復朔州, 擒宋將楊繼業. 自是宋守雲州等諸州者, 聞繼業死, 皆棄城遁.379)
8월	置先離闥覽官六員, 領于骨里、女直、迪烈于等諸部人之隸宮籍者.380)
9월	
10월	党項、阻卜遣使來貢.
11월	党項來貢. 女直請以兵從征, 許之. 南伐, 次狹底堝, 皇太后親閱輜重兵甲. 至唐興縣. 時宋軍屯滹沱橋北, 選將亂射之, 橋不能守, 進焚其橋. 楮特部節度使盧補古等與宋戰于泰州, 不利.381)
12월	休哥敗宋軍於望都, 遣人獻俘. 詔休哥以騎兵絶宋兵, 毋令入邢州. 小校曷主遇宋輜重, 引兵殺獲甚衆. 上率大軍與宋將劉廷讓等戰于莫州, 敗之. 李繼遷引五百騎欵塞, 願婚大國, 永作藩輔. 詔以王子帳節度使耶律襄之女汀封義成公主下嫁, 賜馬.382)

373) 『遼史』 권11, 「本紀」 제11, 統和 4년 정월條.
374) 『遼史』 권11, 「本紀」 제11, 統和 4년 2월條.
375) 『遼史』 권11, 「本紀」 제11, 統和 4년 3월條.
376) 『遼史』 권11, 「本紀」 제11, 統和 4년 4월條.
377) 『遼史』 권11, 「本紀」 제11, 統和 4년 5월條.
378) 『遼史』 권11, 「本紀」 제11, 統和 4년 6월條.
379) 『遼史』 권11, 「本紀」 제11, 統和 4년 7월條.
380) 『遼史』 권11, 「本紀」 제11, 統和 4년 8월條.
381) 『遼史』 권11, 「本紀」 제11, 統和 4년 11월條.
382) 『遼史』 권11, 「本紀」 제11, 統和 4년 12월條.

연대	통화 5년 (987)	통화 6년 (988)
1월	破東城縣, 縱兵大掠. 次文安, 遣人諭降, 不聽, 遂擊破之.[383]	
2월		
3월		休哥奏宋事宜, 上親覽之. 李繼遷遣使來貢.[384]
4월		
5월		閏五月, 阿薩蘭回鶻來貢.
6월		党項太保阿剌怳來朝, 貢方物. 諭諸道兵馬備南征攻城器具.[385]
7월		遣南面招討使韓德威討河、湟諸蕃違命者.[386]
8월		以將伐宋, 遣使祭木葉山. 瀕海女直遣使速魯里來朝. 東路林牙蕭勤德及統軍石老以擊敗女直兵, 獻俘.[387] 濱海女直遣厮魯里來修土貢.[388]
9월		祭旗鼓南伐. 次涿州. 諭降, 不聽.[389]
10월		聞宋軍退, 遣斜軫等追擊, 大敗之. 籌寧奏破狼山捷. 復奏敗宋兵于益津關. 進軍長城口, 宋定州兵來拒, 擊敗之.[390]
11월		駐長城口, 督大軍四面進攻. 攻滿城, 圍之, 拔其城. 拔新樂, 破小狼砦.[391]
12월		是月, 大軍駐宋境.[392]

383) 『遼史』 권12, 「本紀」 제12, 統和 5년 정월條.
384) 『遼史』 권12, 「本紀」 제12, 統和 6년 3월條.
385) 『遼史』 권12, 「本紀」 제12, 統和 6년 6월條.
386) 『遼史』 권12, 「本紀」 제12, 統和 6년 7월條.
387) 『遼史』 권12, 「本紀」 제12, 統和 6년 8월 丁丑條.
388) 『遼史』 권12, 「本紀」 제12, 統和 6년 8월 丁丑條. 같은 정축조에 "濱海女直遣使速魯里來朝"와 중복됨.
389) 『遼史』 권12, 「本紀」 제12, 統和 6년 9월條.
390) 『遼史』 권12, 「本紀」 제12, 統和 6년 10월條.
391) 『遼史』 권12, 「本紀」 제12, 統和 6년 11월條.
392) 『遼史』 권12, 「本紀」 제12, 統和 6년 12월條.

연대	통화 7년 (989)	통화 8년 (990)
1월	班師. 李繼遷與兄繼捧有怨, 乞與通好, 上知其非誠, 不許. 破易州.393)	
2월	回鶻、于闐、師子等國來貢. 賞南征女直軍, 使東還. 吐蕃、党項來貢. 以女直活骨德爲本部相. 阿薩蘭、于闐、轄烈並遣使來貢.394)	于闐、回鶻各遣使來貢. 女直遣使來貢.
3월	李繼遷遣使來貢. 以王子帳耶律襄之女封義成公主, 下嫁李繼遷.395)	李繼遷遣使來貢.396)
4월	吐渾還金、回鶻安進、吐蕃獨朶等自宋來歸, 皆賜衣帶.397)	女直遣使來貢.
5월	遣宣徽使蒲領等率兵分道備宋. 休哥引軍至滿城, 招降卒七百餘人, 遣使來獻, 詔隸東京. 燕京奏宋兵至邊, 時暑未敢與戰.398)	女直宰相阿海來貢, 封順化王.399)
6월	休哥、排亞破宋兵于泰州.400)	阿薩蘭回鶻于越、達剌干各遣使來貢. 女直遣使來貢.
7월	遣兵南征.401)	
8월		
9월		北女直四部請內附. 李繼遷獻宋俘.402)
10월		以大敗宋軍, 復遣使來告.403) 阻卜等遣使來貢.
11월	于闐張文寶進內丹書.	以吐谷渾民饑, 振之.404)
12월		李繼遷下宋麟、鄜等州, 遣使來告. 女直遣使來貢. 遣使封李繼遷爲夏國王. 回鶻來貢.405)

393) 『遼史』 권12, 「本紀」 제12, 統和 7년 정월條.
394) 『遼史』 권12, 「本紀」 제12, 統和 7년 2월條. 표에는 "阿思懶 · 于闐 · 轄烈三國來貢", "吐蕃來貢"이 모두 3월조에 기록되어 있다. 표 2월조에 "党項遣使來貢"이라 하였지만 「본기」에는 없는 기사이다.
395) 『遼史』 권12, 「本紀」 제12, 統和 7년 3월條.
396) 『遼史』 권13, 「本紀」 제13, 統和 8년 3월條.
397) 『遼史』 권12, 「本紀」 제12, 統和 7년 4월條.
398) 『遼史』 권12, 「本紀」 제12, 統和 7년 5월條.
399) 『遼史』 권13, 「本紀」 제13, 統和 8년 5월條. 표에는 來朝로 되어 있으며, "封順化王"조가 없다.
400) 『遼史』 권12, 「本紀」 제12, 統和 7년 6월條.
401) 『遼史』 권12, 「本紀」 제12, 統和 7년 7월條.
402) 『遼史』 권13, 「本紀」 제13, 統和 8년 9월條.
403) 『遼史』 권13, 「本紀」 제13, 統和 8년 10월條.

연대	통화 9년 (991)	통화 10년 (992)	통화 11년 (993)
1월	女直遣使來貢.		回鶻來貢. 高麗王治遣朴良柔奉表請罪, 詔取女直鴨淥江東數百里地賜之.406)
2월	夏國遣使告伐宋捷.407)	韓德威奏李繼遷稱故不出, 至靈州俘掠以還. 夏國以韓德威俘掠, 遣使來奏, 賜詔安慰.408) (兀惹來貢.)409)	
3월		鐵驪來貢.	
4월	回鶻來貢. 夏國王李繼遷遣杜白來謝封冊.410)		
5월			
6월	突厥來貢.		
7월	夏國以復綏、銀二州, 遣使來告.411)	鐵驪來貢.	
8월	女直進喚鹿人.		
9월			
10월	阿薩蘭回鶻來貢. 夏國王李繼遷遣使來上宋所授敕命. 定難軍節度使李繼捧來附, 授推忠効順啟聖定難功臣、開府儀同三司、檢校太師兼侍中, 封西平王.412)	夏國王遣使來貢.413) 鐵驪來貢.	
11월		回鶻來貢.	
12월	夏國王李繼遷潛附于宋, 遣招討使韓德威持詔諭之.414)	是月, 以東京留守蕭恒德等伐高麗.415)	

404) 『遼史』 권13, 「本紀」 제13, 統和 8년 11월條.
405) 『遼史』 권13, 「本紀」 제13, 統和 8년 12월條.
406) 『遼史』 권13, 「本紀」 제13, 統和 11년 정월條.
407) 『遼史』 권13, 「本紀」 제13, 統和 9년 2월條.
408) 『遼史』 권13, 「本紀」 제13, 統和 10년 2월條.
409) 『遼史』 권13, 「本紀」 제13, 統和 10년 2월條. 兀惹는 부족이므로 표에는 있으나 삭제한다.
410) 『遼史』 권13, 「本紀」 제13, 統和 9년 4월條.
411) 『遼史』 권13, 「本紀」 제13, 統和 9년 7월條.
412) 『遼史』 권13, 「本紀」 제13, 統和 9년 10월條.
413) 『遼史』 권13, 「本紀」 제13, 統和 10년 10월條.
414) 『遼史』 권13, 「本紀」 제13, 統和 9년 12월條.
415) 『遼史』 권13, 「本紀」 제13, 統和 10년 12월條.

연대	통화 12년 (994)	통화 13년 (995)
1월		
2월	回鶻來貢. 高麗來貢.	女直遣使來貢. 高麗遣李周楨來貢.[416]
3월	高麗遣使請所俘人畜, 詔贖還, 遣使撫諭高麗.	夏國遣使來貢.
4월		
5월		高麗進鷹.
6월	(回鶻遣使來貢.)[417]	
7월	女直遣使來貢.	女直遣使來貢.
8월	宋遣使求和, 不許.[418]	夏國遣使進馬.[419]
9월	党項、吐谷渾來貢. 宋復遣使求和, 不許.[420] 阻卜等來貢.	
10월		回鶻來貢. 高麗遣李知白來貢.[421] (鼻骨德來貢. 兀惹歸欵.)[422]
11월	鐵驪來貢.	阿薩蘭回鶻遣使來貢. 遣使冊王治爲高麗國王.[423] 高麗遣童子十人來學本國語.
12월	高麗進妓樂, 却之.[424] 女直以宋人浮海賂本國及兀惹叛來告.	鐵驪遣使來貢鷹、馬. 夏國以敗宋人遣使來告.[425]

416) 『遼史』 권13, 「本紀」 제13, 統和 13년 2월條.
417) 『遼史』 권13, 「本紀」 제13, 統和 12년 6월條. 표에는 있으나 「본기」에 없음. 삭제.
418) 『遼史』 권13, 「本紀」 제13, 統和 12년 8월條.
419) 『遼史』 권13, 「本紀」 제13, 統和 13년 8월條.
420) 『遼史』 권13, 「本紀」 제13, 統和 12년 9월條.
421) 『遼史』 권13, 「本紀」 제13, 統和 13년 10월條.
422) 鼻骨德과 兀惹는 大部에 지나지 않으므로 표에는 있으나 삭제한다.
423) 『遼史』 권13, 「本紀」 제13, 統和 13년 11월條.
424) 『遼史』 권13, 「本紀」 제13, 統和 12년 12월條.
425) 『遼史』 권13, 「本紀」 제13, 統和 13년 12월條.

연대	통화 14년 (996)	통화 15년 (997)
1월	夏國遣使來貢.426)	以河西党項叛, 詔韓德威討之. 女直遣使來貢. (兀惹長武周來降.)427)
2월	回鶻遣使來貢. (女直國遣使來貢.)428)	夏國遣使來貢.429) 韓德威奏破党項捷.
3월	高麗王治表乞爲婚, 許以東京留守、駙馬蕭恒德女嫁之. 高麗復遣童子十人來學本國語.430) 韓德威奏討党項之捷.	党項來貢. (兀惹烏昭慶乞歲時免進貢鷹、馬、貂皮, 以其地遠, 詔生辰、正旦外、並免.) 夏國破宋兵, 遣使來告. 封夏國王李繼遷爲西平王.431) 河西党項乞內附.
4월		
5월		
6월	鐵驪來貢. 回鶻來貢. 高麗遣使來問起居.432)	鐵驪來貢. 夏國遣使來謝封冊.433)
7월	回鶻等來貢.	党項來貢. 禁吐谷渾別部鬻馬於宋. 高麗遣韓彥敬奉幣弔越國公主之喪.434)
8월		
9월		蕭撻凜奏討阻卜之捷.
10월		
11월	是月, 回鶻阿薩蘭遣使爲子求婚, 不許.	是月, 高麗王治薨, 姪誦遣王同穎來告.435)
12월		夏國遣使來貢. 遣使祭高麗王治, 詔其姪權知國事.436)

426) 『遼史』 권13, 「本紀」 제13, 統和 14년 정월條.
427) 『遼史』 권13, 「本紀」 제13, 統和 15년 정월條. 兀惹는 國이 아니므로 삭제한다. 표에도 있고 「본기」에도 있다.
428) 『遼史』 권13, 「本紀」 제13, 統和 14년 2월條. "女直國遣使來貢"은 표에는 있으나 「본기」에는 없는 기사이다. 삭제한다.
429) 『遼史』 권13, 「本紀」 제13, 統和 15년 2월條.
430) 『遼史』 권13, 「本紀」 제13, 統和 14년 3월條.
431) 『遼史』 권13, 「本紀」 제13, 統和 15년 3월條.
432) 『遼史』 권13, 「本紀」 제13, 統和 14년 6월條.
433) 『遼史』 권13, 「本紀」 제13, 統和 15년 6월條.
434) 『遼史』 권13, 「本紀」 제13, 統和 15년 7월條.
435) 『遼史』 권13, 「本紀」 제13, 統和 15년 11월條.
436) 『遼史』 권13, 「本紀」 제13, 統和 15년 12월條.

연대	통화 16년 (998)	통화 17년 (999)	통화 18년 (1000)
1월			
2월	夏國遣使來貢.		
3월	女直遣使來貢.		
4월			
5월	鐵驪來貢.		
6월		(兀惹烏昭慶來降, 釋之.)437)	阻卜叛酋鶻碾之弟鐵剌不率部衆來附, 鶻碾無所歸, 遂降, 詔誅之.
7월		以伐宋詔諭諸道.438)	
8월			
9월			
10월		次瀛州, 與宋軍戰, 擒其將康昭裔等, 獲物無算. 拔樂壽縣. 敵衆臨水以拒, 縱騎兵突之, 殺戮殆盡.439)	
11월	遣使冊高麗國王誦.440)		授西平王李繼遷子德昭朔方軍節度使.441)
12월			回鶻來貢.

437) 『遼史』 권14, 「本紀」 제14, 統和 17년 6월條. 兀惹는 國이 아니므로 삭제함. 「본기」에는 "來降"이라는 말이 없음(校勘記).
438) 『遼史』 권14, 「本紀」 제14, 統和 17년 7월條.
439) 『遼史』 권14, 「本紀」 제14, 統和 17년 10월條.
440) 『遼史』 권14, 「本紀」 제14, 統和 16년 11월條.
441) 『遼史』 권14, 「本紀」 제14, 統和 18년 11월條.

연대	통화 19년 (1001)	통화 20년 (1002)
1월	回鶻進梵僧名醫.	夏國遣使貢馬、駝.442) 女直宰相夷離底來貢.
2월		女直遣其子來朝.443) 高麗遣使賀伐宋捷.444)
3월	夏國遣李文貴來貢. 西南面招討司奏党項捷.	遣北府宰相蕭繼遠等南伐.445)
4월		文班太保達里底敗宋兵于梁門. 南京統軍使蕭撻凜破宋軍於泰州.446) 鐵驪遣使來貢.
5월		
6월	夏國奏下宋恒、環、慶等三州, 賜詔褒之.447)	夏國遣劉仁勗來告下靈州.448)
7월		高麗遣使來貢本國地里圖.449)
8월	達盧骨部來貢.450)	
9월	西南面招討司奏討吐谷渾捷.	
10월	南伐. 遼軍與宋兵戰于遂城, 敗之. 次滿城, 以泥淖班師.451)	
11월	宋兵出淤口、益津關來侵, 偵候謀洼等擊敗之.452) (閏月, 鼻骨德來貢.)453)	
12월		

442) 『遼史』 권14, 「本紀」 제14, 統和 20년 정월條.
443) 표에는 좀더 자세하다. “女直大王阿改遣其子出燭你 · 耶剌改 · 塞剌來朝”
444) 『遼史』 권14, 「本紀」 제14, 統和 20년 2월條.
445) 『遼史』 권14, 「本紀」 제14, 統和 20년 3월條.
446) 『遼史』 권14, 「本紀」 제14, 統和 20년 4월條.
447) 『遼史』 권14, 「本紀」 제14, 統和 19년 6월條.
448) 『遼史』 권14, 「本紀」 제14, 統和 20년 6월條.
449) 『遼史』 권14, 「本紀」 제14, 統和 20년 7월條. 표에는 6월조에 나온다.
450) 『遼史』 권14, 「本紀」 제14, 統和 19년 8월條. 達盧骨部는 「백관지」에 나오는 達盧古國일 것이다.
451) 『遼史』 권14, 「本紀」 제14, 統和 19년 10월條.
452) 『遼史』 권14, 「本紀」 제14, 統和 19년 11월條.
453) 『遼史』 권14, 「本紀」 제14, 統和 19년 11월條. 鼻骨德은 國이 아니므로 삭제.

연대	통화 21년 (1003)	통화 22년 (1004)
1월		
2월		女直遣使來貢.
3월	鐵驪來貢.	西夏李德昭遣使上繼遷遺物.454)
4월	女直遣使來貢. (兀惹、渤海、奧里米、越里篤、越里吉五部來貢.)455)	
5월	西平王李繼遷薨, 其子德昭遣使來告.456)	
6월	贈繼遷尚書令, 遣西上閤門使丁振弔慰.457) 党項來貢. 阻卜酋長鐵剌里率諸部來降.	
7월	阻卜來貢.458)	遣使封夏國李德昭爲西平王.459)
8월	阻卜、鐵剌里來朝.	党項來貢. 阻卜酋鐵剌里來朝. 鐵剌里求婚, 不許.460)
9월	夏國李德昭遣使來謝弔贈. 461)	以南伐諭高麗. 女直遣使獻所獲烏昭慶妻子. 閏月, 南伐.462) 遼師與宋兵戰于唐興, 大破之. 蕭撻凜與宋軍戰于遂城, 敗之.463)
10월		攻瀛州, 不克. 西平王李德昭遣使謝封冊.464)
11월		馬軍都指揮使耶律課里遇宋兵于洺州, 擊退之. 南院大王善補奏宋遣人遺王繼忠弓矢, 密請求和. 詔繼忠與使會, 許和. 攻破德清軍及通利軍. 宋遣崇儀副使曹利用請和, 即遣飛龍使韓杞持書報聘.465)
12월		宋復遣曹利用來, 以無還地之意, 遣監門衛大將軍姚東之持書往報. 宋遣李繼昌請和, 以太后爲叔母, 願歲輸銀十萬兩, 絹二十萬匹, 許之. 即遣閤門使丁振持書報聘. 詔諸軍解嚴. 是月, 班師.466)

454) 『遼史』 권14, 「本紀」 제14, 統和 22년 3월 乙未條.

455) 奧里米·越里篤·越里吉 등은 성종 34부의 하나임. 五國部의 소국들이다. 그러므로 여기서는 삭제한다.

456) 『遼史』 권14, 「本紀」 제14, 統和 21년 5월 丁巳條.

457) 『遼史』 권14, 「本紀」 제14, 統和 21년 6월 己卯條.

458) 『遼史』 권14, 「本紀」 제14, 統和 21년 7월 庚戌條.

459) 『遼史』 권14, 「本紀」 제14, 統和 22년 7월 甲申條.

460) 표에는 "鐵剌里求婚, 許之"로 되어 있다.

461) 『遼史』 권14, 「本紀」 제14, 統和 21년 9월 己亥條.

462) 『遼史』 권14, 「本紀」 제14, 統和 22년 9월 己丑條.

463) 『遼史』 권14, 「本紀」 제14, 統和 22년 9월條. 표에는 南京女直으로 되어 있으나 「속국표」의 誤인 것 같다(校勘記).

464) 『遼史』 권14, 「本紀」 제14, 統和 22년 10월條.

연대	통화 23년 (1005)	통화 24년 (1006)	통화 25년 (1007)
1월			
2월	夏國遣使告下宋青城.[467] 振党項部. 回鶻來貢.		
3월			
4월	女直國及阿薩蘭回鶻各遣使來貢. 鐵驪來貢. 党項來侵.		
5월	宋遣孫僅等來賀皇太后生辰. 高麗以與宋和, 遣使來賀.[468]		
6월	阻卜酋鐵剌里遣使賀與宋和. 達旦國九部遣使來聘.[469]		
7월	党項來貢. 女直遣使來貢. 阿薩蘭回鶻遣使來請先留使者, 皆遣之. (烏古來貢.)[470]		西平王李德昭母薨, 遣使弔祭. 遣使起復.[471]
8월		沙州燉煌王曹壽遣使進大食國馬及美玉, 以對衣、銀器等物賜之.[472]	
9월	遣太尉阿里、太傅楊六賀宋主生辰.[473]		西北路招討使蕭圖玉討阻卜, 破之.
10월	宋歲幣始至, 後爲常.[474]		
11월	上遣太保合住、頒給使韓𣏌, 太后遣太師盆奴、政事舍人高正使宋賀正旦.[475]		
12월	宋遣周漸等來賀千齡節. 復遣張若谷等來賀正旦.[476]		

465) 『遼史』 권14, 「本紀」 제14, 統和 22년 11월條.
466) 『遼史』 권14, 「本紀」 제14, 統和 22년 12월條.
467) 『遼史』 권14, 「本紀」 제14, 統和 23년 2월 丁巳條.
468) 『遼史』 권14, 「本紀」 제14, 統和 23년 5월條.
469) 『遼史』 권14, 「本紀」 제14, 統和 23년 6월條.
470) 「부족표」에 나오므로 삭제함.
471) 『遼史』 권14, 「本紀」 제14, 統和 25년 7월條.
472) 『遼史』 권14, 「本紀」 제14, 統和 24년 8월條. 표에는 7월조로 되어 있으나 「본기」에는 8월조로 기록되어 있다.
473) 『遼史』 권14, 「本紀」 제14, 統和 23년 9월條.
474) 『遼史』 권14, 「本紀」 제14, 統和 23년 10월條.
475) 『遼史』 권14, 「本紀」 제14, 統和 23년 11월條.
476) 『遼史』 권14, 「本紀」 제14, 統和 23년 12월條.

연대	통화 26년 (1008)	통화 27년 (1009)	통화 28년 (1010)
1월			
2월			宋遣王隨、王儒等來弔祭. 高麗遣魏守愚等來祭. 是月, 遣左龍虎衞上將軍蕭合卓饋大行皇太后遺物于宋, 仍遣臨海軍節度使蕭虛列、左領軍衞上將軍張崇濟謝宋弔祭.477)
3월			
4월			
5월	高麗進龍鬚草席. 478) 遣使賀中京成.479)		西北路招討使蕭圖玉奏伐甘州回鶻, 破肅州, 盡俘其民.480) 高麗西京留守康肇弑其主誦, 擅立誦從兄詢, 詔諸道繕甲兵, 以備東征.481)
6월			
7월			
8월			自將伐高麗, 遣使報宋.482)
9월			遣使冊西平王李德昭爲夏國王. 遣樞密直學士高正、引進使韓杞宣問高麗王詢.483)
10월			女直進良馬萬匹, 乞從征高麗, 許之. 王詢遣使奉表乞罷師, 不許.484)
11월			大軍渡鴨淥江, 康肇拒戰, 敗之, 退保銅州. 肇復出, 右皮室詳穩耶律敵魯擒肇等, 追殺數十里, 獲所棄糧餉、鎧仗. 王詢遣使上表請朝, 許之. 遣太子太師乙凜將騎兵一千, 送保佑等赴京. (馬保佑爲開京留守), 守將卓思正殺遼使者等, 領兵出拒, 保佑等還. 遣排押等攻開京, 遇高麗兵, 敗之. 王詢棄城遁去.485)
12월	蕭圖玉奏討甘州回鶻, 降其王耶剌里, 撫慰而還.	遣使報哀于宋、夏、高麗.	

477)『遼史』권15,「本紀」제15, 統和 28년 2월條.
478) 표에는 "高麗進文化, 武功兩殿龍鬚草地席"으로 되어 있다.
479)『遼史』권14,「本紀」제14, 統和 26년 5월條.
480) 표에는 "…破其屬郡肅州, 盡俘其生口. 詔修土隗口故城以實之."라 하였다.
481)『遼史』권15,「本紀」제15, 統和 28년 5월條.
482)『遼史』권15,「本紀」제15, 統和 28년 8월條.
483)『遼史』권15,「本紀」제15, 統和 28년 9월條.

연대	통화 29년 (1011)	개태開泰 원년 (1012)
1월	班師, 所降諸城復叛. 至貴州南峻嶺谷, 大雨連日, 馬駝皆疲, 甲仗多遺棄, 霽乃得渡. 次鴨渌江. 皇后等迎于來遠城. 詔罷諸軍.486)	宋遣趙湘、符成翰來賀. 長白山三十部女直酋長來貢, 乞授爵秩. 女直太保蒲撚等來朝. 曷蘇館大王曷里喜來朝.487)
2월		
3월		
4월		高麗遣蔡忠順來乞稱臣如舊, 詔王詢親朝. 夏國遣使進良馬.488)
5월		
6월	置阻卜諸部節度使.489)	
7월		命耶律釋身奴、李操充賀宋生辰國信使副, 蕭涅袞、齊泰賀宋正旦使副.490)
8월		鐵驪那沙等送兀惹百餘戶至賓州, 賜絲絹. 是日, 那沙乞賜佛像、儒書, 詔賜護國仁王佛像一, 易、詩、書、春秋、禮記各一部. 高麗王詢遣田拱之奉表稱病不能朝, 詔復取六州地.491)
9월		
10월		
11월		賜夏國使、東頭供奉官曹文斌、呂文貴、寶珪祐、守榮、武元正等爵有差. 西北招討使蕭圖玉奏七部太師阿里底因其部民之怨, 殺本部節度使霸暗并屠其家以叛, 阻卜執阿里底以獻, 而沿邊諸部皆叛.492)
12월		

484)『遼史』 권15, 「本紀」 제15, 統和 28년 10월條.
485)『遼史』 권15, 「本紀」 제15, 統和 28년 11월條.
486)『遼史』 권15, 「本紀」 제15, 統和 29년 정월條.
487)『遼史』 권15, 「本紀」 제15, 開泰 원년 정월條.
488)『遼史』 권15, 「本紀」 제15, 開泰 원년 4월條.
489) 표에는 "詔西北路招討使·駙馬都尉蕭圖玉安撫西鄙, 置阻卜等部"라 하였다.
490)『遼史』 권15, 「本紀」 제15, 開泰 원년 7월條.
491)『遼史』 권15, 「本紀」 제15, 開泰 원년 8월條.
492)『遼史』 권15, 「本紀」 제15, 開泰 원년 11월條.

연대	개태 2년 (1013)	개태 3년 (1014)
1월	是月, 達旦國兵圍鎭州, 州軍堅守, 尋引去.493)	阻卜酋長烏八來朝,494) 封爲王. 女直及鐵驪各遣使來貢.
2월		遣上京副留守耶律資忠復使高麗取六州舊地.495)
3월		
4월		沙州回鶻曹順遣使來貢.496)
5월		
6월	遣中丞耶律資忠使高麗, 取六州舊地.497)	詔國舅詳穩蕭敵烈等討高麗, 造浮梁于鴨淥江, 城保、宣義、定遠等州.498)
7월	西南招討使、政事令斜軫奏, 党項諸部叛者皆遁黃河北模赧山, 其不叛者曷黨、烏迷兩部因據其地, 今復西遷, 詰之則曰逐水草. 不早圖之, 後恐爲患. 聞前後叛者多投西夏, 西夏不納. 詔遣使再問西遷之意, 若歸故地, 則可就加撫諭. 使不報, 上怒, 欲伐之. 遂詔李德昭:「今党項叛, 我欲西伐, 爾當東擊, 毋失掎角之勢.」仍命諸軍各市肥馬. 化哥等破阻卜酋長烏八之衆.499)	
8월	遣引進使李延弘賜夏國王李德昭及義成公主車馬. 耶律資忠使高麗還.500)	
9월		
10월	命耶律阿營等使宋賀生辰. 詳穩張馬留獻女直人知高麗事者. 上問之, 曰:「臣三年前爲高麗所虜, 爲郎官, 故知之. 自開京東馬行七日, 有大砦, 廣如開京, 旁州所貢珍異, 皆積于此. 勝、羅等州之南, 亦有二大砦, 所積如之. 若大軍行由前路, 取曷蘇館女直北, 直渡鴨淥江, 並大河而上, 至郭州與大路會, 高麗可取而有也.」上納之.501)	
11월		
12월		

493)『遼史』 권15,「本紀」 제15, 開泰 2년 정월條.
494)『遼史』 권15,「本紀」 제15, 開泰 3년 정월條. 표에는 "朝貢"으로 되어 있다.
495)『遼史』 권15,「本紀」 제15, 開泰 3년 2월條.
496)『遼史』 권15,「本紀」 제15, 開泰 3년 4월條. 표에는 문미에 "回賜衣幣"란 말이 더 들어있다.
497)『遼史』 권15,「本紀」 제15, 開泰 2년 6월條.
498)『遼史』 권15,「本紀」 제15, 開泰 3년 6월條.
499)『遼史』 권15,「本紀」 제15, 開泰 2년 7월條.

연대	개태 4년 (1015)	개태 5년 (1016)
1월	東征. 東京留守善寧等奏, 已總大軍及女直諸部兵分道進討, 遂遣使齎密詔軍前.502)	耶律世良、蕭屈烈與高麗戰于郭州西, 破之, 斬首數萬級, 盡獲其輜重.503)
2월	于闐國來貢.	阻卜酋長來朝.
3월		党項魁可來降.504)
4월	蕭敵烈等伐高麗還. 曷蘇館部請括女直王殊只你戶舊無籍者, 會其丁入賦役, 從之. 耶律世良等上破阻卜俘獲數. 女直遣使來貢. 時于厥旣平, 朝廷議內徙其衆, 于厥安土重遷, 遂叛. 耶律世良擊于厥, 其將勃括誘于厥之衆皆遁, 世良追之, 軍至險阨. 勃括方阻險少休, 遼軍偵知其所, 世良不亟掩之, 勃括騎遁去.505)	
5월	命北府宰相劉晟爲都統, 以伐高麗. 晟先携家置邊郡, 致緩師期, 追還之. 以世良、屈烈總兵進討.506)	
6월		回鶻獻孔雀.507)
7월		
8월		
9월		
10월		
11월	詔汰東京僧, 及命上京、中京泊諸宮選精兵五萬五千人以備東征.508)	
12월		宋遣張遜、王承德來賀千齡節.509)

500) 『遼史』 권15, 「本紀」 제15, 開泰 2년 8월條.
501) 『遼史』 권15, 「本紀」 제15, 開泰 2년 10월條.
502) 『遼史』 권15, 「本紀」 제15, 開泰 4년 정월條.
503) 『遼史』 권15, 「本紀」 제15, 開泰 5년 정월條. 표에는 "耶律世良與蕭善寧東討高麗, 破之."이다. 그러나 「본기」와 『고려사』에 의하면 蕭屈烈이다.
504) 『遼史』 권15, 「本紀」 제15, 開泰 5년 3월條. 표에는 "叛命党項酋長…"이라 하여 來降者의 신원을 밝히고 있다.
505) 『遼史』 권15, 「本紀」 제15, 開泰 4년 4월條.
506) 『遼史』 권15, 「本紀」 제15, 開泰 4년 5월條.
507) 『遼史』 권15, 「本紀」 제15, 開泰 5년 6월條.
508) 『遼史』 권15, 「本紀」 제15, 開泰 4년 11월條.
509) 『遼史』 권15, 「本紀」 제15, 開泰 5년 12월條.

연대	개태 6년 (1017)	개태 7년 (1018)
1월		
2월	詔國舅帳詳穩蕭隗洼將本部兵東征高麗, 其國舅司事以都監攝之.[510]	
3월		命東北越里篤、鐵驪等五部歲貢貂皮六萬五千, 馬三百.[511]
4월		閏月, 吐蕃王幷里尊奏, 凡朝貢, 乞假道夏國, 從之.[512]
5월	命樞密使蕭合卓爲都統, 以伐高麗.[513]	
6월		以耶律留寧、吳守達使宋賀生辰, 蕭高九、馬貽謀使宋賀正旦.[514]
7월		
8월		
9월	以駙馬蕭璉、節度使化哥、知制誥仇正己、楊佶充賀宋生辰正旦使副. 蕭合卓等攻高麗興化軍不克, 還師.[515]	蒲昵國使奏本國與烏里國封壤相接, 數侵掠不寧, 賜詔諭之. 括馬給東征軍.[516]
10월		詔以東平郡王蕭排押爲都統伐高麗. 仍諭高麗守吏, 能率衆自歸者, 厚賞; 堅壁相拒者, 追悔無及.[517]
11월		
12월	宋遣李行簡、張信來賀千齡節. 宋馮元、張綸來賀正旦.[518]	宋遣呂夷簡、曹璋來賀千齡節. 是月, 蕭排押等與高麗戰于茶、陀二河, 遼軍失利.[519]

510)『遼史』 권15, 「本紀」 제15, 開泰 6년 2월條.
511)『遼史』 권16, 「本紀」 제16, 開泰 7년 3월條.
512)『遼史』 권16, 「本紀」 제16, 開泰 7년 4월條.
513)『遼史』 권15, 「本紀」 제15, 開泰 6년 5월條.
514)『遼史』 권16, 「本紀」 제16, 開泰 7년 6월條.
515)『遼史』 권15, 「本紀」 제15, 開泰 6년 9월條.
516)『遼史』 권16, 「本紀」 제16, 開泰 7년 9월條.
517)『遼史』 권16, 「本紀」 제16, 開泰 7년 10월條.
518)『遼史』 권15, 「本紀」 제15, 開泰 6년 12월條.
519)『遼史』 권16, 「本紀」 제16, 開泰 7년 12월條.

연대	개태 8년 (1019)	개태 9년 (1020)
1월	宋遣陳堯佐、張羣來賀. 鐵驪來貢. 封沙州節度使曹順爲燉煌郡王.520)	宋遣劉平、張元普來賀.521)
2월		
3월	東平王蕭韓寧等討高麗還.522)	
4월		
5월	曷蘇館惕隱阿不葛、宰相賽剌來貢.523)	耶律資忠使高麗還, 王詢表請稱藩納貢, 歸所留王人只剌里. 只剌里在高麗六年, 忠節不屈, 以爲林牙. 遣使釋王詢罪, 並允其請.524)
6월		
7월	詔阻卜依舊歲貢馬千七百, 駝四百四十, 貂鼠皮萬, 青鼠皮二萬五千. 命解寧、馬翼充賀宋生辰使副.525)	遣使賜沙州回鶻燉煌郡王曹順衣物. 以查剌、耿元吉、韓九、宋璋爲來年賀宋生辰正旦使副.526)
8월	遣郎君曷不呂等率諸部兵會大軍討高麗.527)	
9월	宋遣崔遵度、王應昌來賀千齡節. 曷蘇館惕隱阿不割來貢.528)	沙州回鶻燉煌郡王曹順遣使來貢. 括諸道漢民馬賜東征軍. 以夷離畢延寧爲兵馬副都部署, 總兵東征. 宋遣宋綬、駱繼倫賀千齡節.529)
10월	遣耶律繼崇、鄭玄瑕賀宋正旦.530)	郎君老使沙州還, 詔釋宿累. 西南招討奏党項部有宋犀族輸貢不時, 常有他意, 宜以時遣使督之. 大食國遣使進象及方物, 爲子冊割請婚.531)
11월		
12월	高麗王詢遣使乞貢方物, 詔納之.532)	

520)『遼史』권16,「本紀」제16, 開泰 8년 정월條.
521)『遼史』권16,「本紀」제16, 開泰 9년 정월條.
522)『遼史』권16,「本紀」제16, 開泰 8년 3월條.
523)『遼史』권16,「本紀」제16, 開泰 8년 5월條.
524)『遼史』권16,「本紀」제16, 開泰 9년 5월條.
525)『遼史』권16,「本紀」제16, 開泰 8년 7월條.
526)『遼史』권16,「本紀」제16, 開泰 9년 7월條.
527)『遼史』권16,「本紀」제16, 開泰 8년 8월條.
528)『遼史』권16,「本紀」제16, 開泰 8년 9월條.
529)『遼史』권16,「本紀」제16, 開泰 9년 9월條.
530)『遼史』권16,「本紀」제16, 開泰 8년 10월條.
531)『遼史』권16,「本紀」제16, 開泰 9년 10월條.
532)『遼史』권16,「本紀」제16, 開泰 8년 12월條.

연대	태평太平 원년 (1021)	태평 2년 (1022)
1월	宋使魯宗道、成吉來賀.[533]	
2월		
3월	是月, 大食國王復遣使請婚, 封王子班郎君胡思里女可老爲公主, 嫁之.	宋使薛貽廓來告宋主恒殂, 子禎嗣位. 遣都點檢耶律僧隱等充宋祭奠使副, 林牙蕭日新、觀察馮延休充宋后弔慰使副. 遣金吾耶律諧領、引進姚居信充宋主弔慰使副. 爲宋主飯三京僧.[534]
4월	東京留守奏, 女直三十部酋長請各以其子詣闕祗候. 詔與其父俱來受約.[535]	
5월		鐵驪遣使獻兀惹十六戶.
6월		宋遣使薛由等來饋其先帝遺物.[536]
7월	賜從獵女直人秋衣.[537] 阻卜來貢.[538]	高麗國參知政事王同顯靜海軍節度使.[539]
8월		
9월		遣尚書僧隱、韓格賀宋主即位.[540]
10월	宋使李懿、王仲賓來賀千齡節, 及蘇惟甫、周鼎賀來歲元正, 即遣蕭善、程翥報聘.[541] 党項長曷魯來貢.	遣堂後官張克恭充賀夏國王李德昭生日使, 耶律掃古、韓王充賀宋太后生日使副, 耶律仙寧、史克忠充賀宋正旦使副.[542]
11월	宋遣使來聘, 夏、高麗遣使來貢.[543]	宋遣使來謝.[544]
12월		高麗王詢薨, 其子欽遣使來報, 即命使冊欽爲高麗國王. 宋遣劉燁、郭志言來賀千齡節.[545]

533)『遼史』권16,「本紀」제16, 太平 원년 정월條.
534)『遼史』권16,「本紀」제16, 太平 2년 3월條.
535)『遼史』권16,「本紀」제16, 太平 원년 4월條.
536)『遼史』권16,「本紀」제16, 太平 2년 6월條.
537)『遼史』권16,「本紀」제16, 太平 원년 7월條.
538) 표에는 "阻卜扎剌部"라 하였음.
539)『遼史』권16,「本紀」제16, 太平 2년 7월條.
540)『遼史』권16,「本紀」제16, 太平 2년 9월條.
541)『遼史』권16,「本紀」제16, 太平 원년 10월條.
542)『遼史』권16,「本紀」제16, 太平 2년 10월條.
543)『遼史』권16,「本紀」제16, 太平 원년 11월條.
544)『遼史』권16,「本紀」제16, 太平 2년 11월條.
545)『遼史』권16,「本紀」제16, 太平 2년 12월條.

연대	태평 3년 (1023)	태평 4년 (1024)	태평 5년 (1025)
1월		宋遣張傳、張士禹、程琳、丁保衡來賀.[546]	
2월			
3월			
4월			
5월			
6월			
7월			
8월			
9월	閏月, 以蕭伯達、韓紹雍充賀宋正旦使副, 唐骨德、程昭文賀宋生辰使副.[547]		以蕭迪烈、李紹琪充賀宋太后生辰使副, 耶律守寧、劉四端充賀宋主生辰使副.[548]
10월	宋遣薛奎、郭盛來賀順天節, 王臻、慕容惟素賀千齡節.[549]	宋遣蔡齊、李用和來賀千齡節.[550]	宋太后遣馮元宗、史方來賀順天節.[551]
11월			
12월		以蕭從政爲歸義軍節度使, 康筠監門衞, 充賀宋正旦使副.[552]	遣蕭諧、李琪充賀宋正旦使副. 宋使李維、張綸來賀千齡節.[553]

546) 『遼史』 권16, 「本紀」 제16, 太平 4년 정월條.
547) 『遼史』 권16, 「本紀」 제16, 太平 3년 9월條.
548) 『遼史』 권17, 「本紀」 제17, 太平 5년 9월條.
549) 『遼史』 권16, 「本紀」 제16, 太平 3년 10월條.
550) 『遼史』 권16, 「本紀」 제16, 太平 4년 10월條.
551) 『遼史』 권17, 「本紀」 제17, 太平 5년 10월條.
552) 『遼史』 권16, 「本紀」 제16, 太平 4년 12월條.
553) 『遼史』 권17, 「本紀」 제17, 太平 5년 12월條.

연대	태평 6년 (1026)	태평 7년 (1027)
1월	宋遣徐奭、裴繼起、張若谷、崔準來賀.[554]	宋遣張保維、孫繼業、孔道輔、馬崇至來賀. 以女直白縷爲惕隱, 蒲馬爲巖母部太師.[555]
2월	東京留守八哥奏黃翩領兵入女直界徇地, 俘獲人、畜, 不可勝計, 得降戶二百七十, 詔獎諭之.[556] 詔党項別部塌西設契丹節度使治之.	
3월	是月, 阻卜來侵, 西北路招討使蕭惠破之.	
4월		
5월	遣西北路招討使蕭惠將兵伐甘州回鶻.	
6월		詔蕭惠再討阻卜.
7월		
8월	蕭惠攻甘州不克, 師還. 自是阻卜諸部皆叛, 遼軍與戰, 皆爲所敗, 監軍涅里姑、國舅帳太保曷不呂死之. 詔遣惕隱耶律洪古等將兵討之.	
9월		
10월	遣使問夏國五月與宋交戰之故.[557]	
11월	宋遣韓翼、田承說來賀順天節.[558]	宋遣石中立、石貽孫來賀千齡節, 王博文、王雙賀順天節. 以三韓王欽爲啟聖軍節度使.[559]
12월	遣杜防、蕭蘊充賀宋生辰使副.[560]	遣耶律遂英、王永錫充賀宋太后生辰, 蕭速撒、馬保永充賀正旦使副.[561]

554)『遼史』 권17, 「本紀」 제17, 太平 6년 정월條.
555)『遼史』 권17, 「本紀」 제17, 太平 7년 정월條.
556)『遼史』 권17, 「本紀」 제17, 太平 6년 2월條.
557)『遼史』 권17, 「本紀」 제17, 太平 6년 10월條.
558)『遼史』 권17, 「本紀」 제17, 太平 6년 11월條.
559)『遼史』 권17, 「本紀」 제17, 太平 7년 11월條.
560)『遼史』 권17, 「本紀」 제17, 太平 6년 12월條.
561)『遼史』 권17, 「本紀」 제17, 太平 7년 12월條.

연대	태평 8년 (1028)	태평 9년 (1029)	태평 10년 (1030)
1월	党項侵邊, 破之.		宋遣王夷簡、竇處約、張易、張士宜來賀.562)
2월	燕京留守蕭孝穆乞于拒馬河接宋境上置戍長巡察, 詔從之.563)	遣使賜高麗王欽物.564)	
3월			
4월			
5월			
6월	以韓寧、劉湘充賀宋太后生辰使副, 吳克荷充賀夏國王李德昭生辰使.565)	以耶律思忠等充賀宋兩宮生辰及來歲正旦使副.566)	
7월			
8월		(大延琳亂) 時南、北女直皆從延琳, 高麗亦稽其貢.567)	
9월	阻卜別部長胡懶來降. 阻卜長春古來降.568)		
10월	宋遣唐肅、葛懷愍來賀順天節.569)		
11월			
12월	宋遣寇瑊、康德來賀千齡節, 朱諫、曹英、張逸、劉永釗賀來歲兩宮正旦.570)	宋遣仇永、韓永錫來賀千齡節. 命耶律育等充賀宋生辰使副, 耶律元吉等充來歲賀宋正旦使副.571)	宋遣梅詢、王令傑來賀千齡節.572)

562)『遼史』 권17, 「本紀」 제17, 太平 10년 정월條.
563)『遼史』 권17, 「本紀」 제17, 太平 8년 2월條.
564)『遼史』 권17, 「本紀」 제17, 太平 9년 2월條.
565)『遼史』 권17, 「本紀」 제17, 太平 8년 6월條.
566)『遼史』 권17, 「本紀」 제17, 太平 9년 6월條.
567)『遼史』 권17, 「本紀」 제17, 太平 9년 8월條.
568)『遼史』 권17, 「本紀」 제17, 太平 8년 9월條.
569)『遼史』 권17, 「本紀」 제17, 太平 8년 10월條.
570)『遼史』 권17, 「本紀」 제17, 太平 8년 12월條.
571)『遼史』 권17, 「本紀」 제17, 太平 9년 12월條.
572)『遼史』 권17, 「本紀」 제17, 太平 10년 12월條.

연대	태평 11년 (1031)	중희重熙 원년 (1032)
1월		宋遣任布、王遵範等來賀. 宋遣鄭向等來賀永壽節.[573]
2월		
3월		
4월		
5월		
6월	遣使告哀于宋及夏、高麗.[574]	
7월	高麗遣使弔慰.[575]	以蕭達溥等充來歲賀宋正旦生辰使.[576]
8월		
9월	宋遣王隨、曹儀致祭, 王礪、許懷信等來慰兩宮, 范諷等賀即位, 孔道輔等賀皇太后冊禮. 夏國遣使來慰. 以宋使弔祭, 喪服臨菆塗殿. 遣耶律翥等謝宋弔慰.[577]	
10월	遣工部尚書高德順等致先帝遺物于宋. 以右領軍衛上將軍耶律遜等充皇太后謝宋使. 右監門衛上將軍耶律元載等充皇帝謝宋使. 夏國遣使來賻. 以蕭革等充來歲賀宋正旦使副.[578]	
11월		宋遣劉隨等來賀應聖節. 夏國遣使來賀. 夏國王李德昭薨, 冊其子夏國公元昊爲夏國王.[579]
12월	是歲, 以興平公主下嫁夏國王李德昭子元昊, 以元昊爲夏國公、駙馬都尉.[580]	宋遣胥偃等來賀來歲正旦; 遣楊日嚴等來賀永壽節.[581]

573) 『遼史』 권18, 「本紀」 제18, 重熙 원년 정월條.
574) 『遼史』 권18, 「本紀」 제18, 太平 11년 6월條.
575) 『遼史』 권18, 「本紀」 제18, 太平 11년 7월條.
576) 『遼史』 권18, 「本紀」 제18, 重熙 원년 7월條.
577) 『遼史』 권18, 「本紀」 제18, 太平 11년 9월條.
578) 『遼史』 권18, 「本紀」 제18, 太平 11년 10월條.
579) 『遼史』 권18, 「本紀」 제18, 重熙 원년 11월條.
580) 『遼史』 권18, 「本紀」 제18, 太平 11년 12월條.
581) 『遼史』 권18, 「本紀」 제18, 重熙 원년 12월條.

연대	중희 2년 (1033)	중희 3년 (1034)	중희 4년 (1035)
1월	夏國遣使來貢. 女直詳穩臺押率所部來貢. 宋遣曹琮來告母后劉氏哀, 章得象等來饋母后遺物. 卽遣興聖宮使耶律壽寧等充祭奠使; 天德軍節度使耶律卿寧等充兩宮弔慰使.582)	宋使章頻卒, 詔有司賻贈, 命近侍護喪以歸.583)	
2월			
3월			
4월			
5월			
6월			以耶律信等充賀宋生辰及來歲正旦使副.584)
7월	以耶律寔等充兩宮賀宋生辰使副, 以耶律師古等充賀宋來歲正旦使副.585)	以耶律庶徵等充賀宋來歲正旦使副.586)	
8월			
9월			
10월			
11월	宋遣劉寶等來謝慰奠.587)		
12월	宋遣丁度等來賀應聖節. 禁夏國使沿路私市金、鐵. 宋遣章頻等來賀永壽節及來歲正旦.588)	宋遣段少連等來賀來歲正旦, 楊偕等來賀永壽節.589)	宋遣鄭戩等來賀永壽節及正旦.590)

582) 『遼史』 권18, 「本紀」 제18, 重熙 2년 정월條.
583) 『遼史』 권18, 「本紀」 제18, 重熙 3년 정월條.
584) 『遼史』 권18, 「本紀」 제18, 重熙 4년 6월條.
585) 『遼史』 권18, 「本紀」 제18, 重熙 2년 7월條.
586) 『遼史』 권18, 「本紀」 제18, 重熙 3년 7월條.
587) 『遼史』 권18, 「本紀」 제18, 重熙 2년 11월條.
588) 『遼史』 권18, 「本紀」 제18, 重熙 2년 12월條.
589) 『遼史』 권18, 「本紀」 제18, 重熙 3년 12월條.
590) 『遼史』 권18, 「本紀」 제18, 重熙 4년 12월條.

연대	중희 5년 (1036)	중희 6년 (1037)	중희 7년 (1038)	중희 8년 (1039)
1월			宋遣高若訥等來賀正旦及永壽節.591)	宋遣韓琦、王從益來賀. 禁朔州鬻羊于宋.592)
2월			高麗遣使來貢.	
3월			夏國遣使來貢.	
4월			以興平公主薨, 遣北院承旨耶律庶成持詔問夏國王李元昊, 公主生與元昊不睦, 沒, 詰其故.593)	
5월				
6월				
7월			阻卜酋長屯禿古斯來朝.	
8월				
9월				
10월	宋遣宋郊等來賀永壽節. 以耶律祥等充賀宋生辰正旦使副.594)			
11월		阻卜酋長來貢.	以耶律元方等充賀宋生辰正旦使副.595)	
12월		遣耶律幹等賀宋生辰及正旦.596)	宋遣王舉正等來賀永壽節. 南面侍御壯骨里詐取女直貢物, 罪死; 上以有吏能, 黥而流之,597)	閏月, 宋遣龐籍、杜贊來賀永壽節.598)

591)『遼史』 권18, 「本紀」 제18, 重熙 7년 정월條.
592)『遼史』 권18, 「本紀」 제18, 重熙 8년 정월條.
593)『遼史』 권18, 「本紀」 제18, 重熙 7년 4월條.
594)『遼史』 권18, 「本紀」 제18, 重熙 5년 10월條.
595)『遼史』 권18, 「本紀」 제18, 重熙 7년 11월條.
596)『遼史』 권18, 「本紀」 제18, 重熙 6년 12월條.
597)『遼史』 권18, 「本紀」 제18, 重熙 7년 12월條.
598)『遼史』 권18, 「本紀」 제18, 重熙 8년 12월條.

연대	중희 9년 (1040)	중희 10년 (1041)
1월	宋遣王拱辰、彭再思來賀.[599]	宋遣梁適等來賀. 復遣吳育等來賀永壽節.[600]
2월		
3월		
4월		詔罷修鴨淥江浮梁及漢兵屯戍之役.[601]
5월		
6월		以蕭寧等充賀宋生辰使副; 耶律庶成等充來歲賀宋正旦使副.[602]
7월	宋遣郭禎以伐夏來報, 遣樞密使杜防報聘.[603]	
8월		
9월		夏國獻宋俘.[604]
10월		以女直太師臺押爲曷蘇舘都大王.[605]
11월	女直侵邊, 發黃龍府鐵驪軍拒之. 宋遣蘇伸等來賀應聖節.[606]	回鶻遣使來貢.
12월	以蕭迪等充賀宋生辰及來歲正旦使副.[607]	宋遣劉沆、王整來賀應聖節. 上聞宋設關河, 治壕塹, 恐爲邊患, 與南、北樞密蕭孝穆、蕭貫寧謀取宋舊割關南十縣地, 遂遣蕭英等使宋. 宋遣張沔等來賀永壽節及來歲正旦. 議伐宋, 詔諭諸道.[608]

599)『遼史』 권18, 「本紀」 제18, 重熙 9년 정월條.
600)『遼史』 권19, 「本紀」 제19, 重熙 10년 정월條.
601)『遼史』 권19, 「本紀」 제19, 重熙 10년 4월條.
602)『遼史』 권19, 「本紀」 제19, 重熙 10년 6월條.
603)『遼史』 권18, 「本紀」 제18, 重熙 9년 7월條.
604)『遼史』 권19, 「本紀」 제19, 重熙 10년 9월條.
605)『遼史』 권19, 「本紀」 제19, 重熙 10년 10월條.
606)『遼史』 권18, 「本紀」 제18, 重熙 9년 11월條.
607)『遼史』 권18, 「本紀」 제18, 重熙 9년 12월條.
608)『遼史』 권19, 「本紀」 제19, 重熙 10년 12월條.

연대	중희 11년 (1042)	중희 12년 (1043)
1월	遣南院宣徽使蕭特末、翰林學士劉六符使宋, 取晉陽及瓦橋以南十縣地; 且問興師伐夏及沿邊疏濬水澤, 增益兵戍之故.609)	遣同知析津府事耶律敵烈、樞密院都承旨王惟吉諭夏國與宋和.610)
2월		夏國以加上尊號, 遣使來賀. 耶律敵烈等使夏國還, 奏元昊罷兵, 即遣使報宋.611)
3월		高麗國以加上尊號, 遣使來賀.
4월		夏國遣使進馬、駝.
5월		
6월	宋遣富弼、張茂實奉書來聘, 以書答之. 禁氈、銀鬻入宋.612)	阻卜大王屯禿古斯弟太尉撒葛里來朝. 回鶻遣使來貢.
7월		夏國遣使上表, 請伐宋, 不從.613)
8월	宋復遣富弼、張茂實奉書來聘, 乞增歲幣銀絹, 以書答之.614)	阻卜來貢.
9월	遣北院樞密副使耶律仁先、漢人行宮副部署劉六符使宋約和. 是時, 富弼爲上言, 大意謂遼與宋和, 坐獲歲幣, 則利在國家, 臣下無與; 與宋交兵, 則利在臣下, 害在國家. 上感其言, 和好始定. 閏月, 耶律仁先遣人報, 宋歲增銀、絹十萬兩、匹, 文書稱「貢」, 送至白溝, 帝喜, 宴羣臣于昭慶殿. 仁先等還, 進宋國誓書.615)	
10월		以夏人侵党項, 遣延昌宮使高家奴讓之.
11월		
12월	詔鐲預備伐宋諸部租稅一年. 以吐渾、党項多鬻馬夏國, 詔謹邊防.616) 宋遣賀正旦及永壽節使居邸, 帝微服往觀.617)	

609)『遼史』 권19, 「本紀」 제19, 重熙 11년 정월條.
610)『遼史』 권19, 「本紀」 제19, 重熙 12년 정월條.
611)『遼史』 권19, 「本紀」 제19, 重熙 12년 2월條.
612)『遼史』 권19, 「本紀」 제19, 重熙 11년 6월條.
613)『遼史』 권19, 「本紀」 제19, 重熙 12년 7월條.
614)『遼史』 권19, 「本紀」 제19, 重熙 11년 8월條.
615)『遼史』 권19, 「本紀」 제19, 重熙 11년 9월條.
616) 표에는 "詔沿邊築障塞以防之"라 하였다.
617)『遼史』 권19, 「本紀」 제19, 重熙 11년 12월條.

연대	중희 13년 (1044)	중희 14년 (1045)
1월		夏國遣使進鶻.[618]
2월		
3월	高麗遣使來貢.	宋以伐夏師還, 遣使來賀.[619]
4월	南院大王耶律高十奏党項等部叛附夏國. 西南面招討都監羅漢奴等奏, 山西部族節度使屈烈以五部叛入西夏, 乞南、北府兵援送實威塞州戶. 詔富者遣行, 餘留屯田天德軍.[620]	高麗遣使來貢.
5월	羅漢奴奏所發部兵與党項戰不利, 招討使蕭普達、四捷軍詳穩張佛奴歿于陣. 李元昊來援叛黨. 詔征諸道兵會西南邊以討元昊.[621]	
6월	阻卜酋長烏八遣其子執元昊所遣求援使窊邑改來, 乞以兵助戰, 從之. 以將伐夏, 遣延昌宮使耶律高家奴告宋. 高麗遣使來貢.[622]	阻卜大王屯禿古斯率諸酋長來朝. 夏國遣使來貢.
7월	夏國遣使來朝.	
8월	以夏使對不以情, 羈之. 夏國復遣使來, 詢以事宜, 又不以實對, 笞之.	
9월	宋以親征夏國, 遣余靖致贐禮. 會大軍于九十九泉, 以皇太弟重元、北院樞密使韓國王蕭惠將先鋒兵西征.[623]	
10월	獲党項偵人, 射鬼箭. 李元昊上表謝罪. 元昊遣使來奏, 欲收叛黨以獻, 從之. 元昊遣使來進方物, 詔北院樞密副使蕭革迓之. 革言元昊親率党項三部來,[624] 詔革詰其納叛背盟, 元昊伏罪, 賜酒. 許以自新, 遣之. 召羣臣議, 皆以大軍既集, 宜加討伐. 元昊遣使以先被執者來歸, 詔所留夏使亦還其國.[625]	
11월	班師.[626]	回鶻阿薩蘭遣使來貢.
12월	高麗遣使來貢. 蕭胡覩自夏來歸.[627]	

618)『遼史』 권19,「本紀」 제19, 重熙 14년 정월條.
619)『遼史』 권19,「本紀」 제19, 重熙 14년 3월條.
620)『遼史』 권19,「本紀」 제19, 重熙 13년 4월條.
621)『遼史』 권19,「本紀」 제19, 重熙 13년 5월條.
622)『遼史』 권19,「本紀」 제19, 重熙 13년 6월條.
623)『遼史』 권19,「本紀」 제19, 重熙 13년 9월條.
624)「부족표」에 重出함.
625)『遼史』 권19,「本紀」 제19, 重熙 13년 10월條.
626)『遼史』 권19,「本紀」 제19, 重熙 13년 11월條.
627)『遼史』 권19,「本紀」 제19, 重熙 13년 12월條.

연대	중희 15년 (1046)	중희 16년 (1047)	중희 17년 (1048)
1월			
2월			夏國王李元昊薨, 其子諒祚遣使來告, 卽遣永興宮使耶律裹里、右護衛太保耶律興老、將作少監王全慰奠.[628]
3월	高麗遣使來貢.		夏國李諒祚遣使上其父元昊遺物.[629] 鐵不得國使來, 乞以本部軍助攻夏國, 不許.
4월			高麗遣使來貢.
5월			
6월		阻卜大王屯秃古斯來朝, 獻方物.	阻卜獻馬、駝二萬.
7월			
8월	高麗王欽薨, 遣使來告.[630]		
9월			
10월		鐵驪仙門來朝, 以始入貢, 加右監門衛大將軍.	
11월			
12월		女直遣使來貢. 高麗遣使來貢. 阿薩蘭回鶻王以公主生子, 遣使來告.[631]	

628) 『遼史』 권20, 「本紀」 제20, 重熙 17년 2월條.
629) 『遼史』 권20, 「本紀」 제20, 重熙 17년 3월條.
630) 『遼史』 권19, 「本紀」 제19, 重熙 15년 8월條.
631) 「본기」에는 없음.

연대	중희 18년 (1049)	중희 19년 (1050)
1월	留夏國賀正使不遣. 遣北院樞密副使蕭惟信以伐夏告宋.[632]	諸將校及阻卜等部酋長各進爵有差. 遣使問罪于夏國.[633]
2월		夏將洼普、猥貨、乙靈紀等來攻金肅城, 南面林牙耶律高家奴等破之. 洼普被創遁去, 殺猥貨、乙靈紀.[634]
3월	高昌國遣使來貢.	殿前都點檢蕭迭里得與夏戰于三角川, 敗之. 命西南招討使蕭蒲奴等帥師伐夏.[635]
4월		高麗來貢.
5월		蕭蒲奴等入夏境, 不與敵遇, 縱軍俘掠而還. 夏國洼普來降.[636] (遠夷拔思母部遣使來貢.)[637]
6월	宋以遼師伐夏, 遣錢逸致贐禮. 阻卜來貢馬、駝、珍玩. 夏國使來貢, 留之不遣.[638]	宋遣使來賀伐夏捷, 高麗使俱至.[639]
7월	親征.	阻卜長豁得剌弟斡得來朝, 加太尉遣之.
8월	渡河. 夏人遁, 乃還.[640]	阻卜酋長喘只葛拔里斯來朝.
9월	蕭惠等爲夏人所敗.[641]	夏人侵邊, 敵魯古遣六院軍將海里擊敗之.[642]
10월	北道行軍都統耶律敵魯古率阻卜諸軍至賀蘭山, 獲李元昊妻及其官僚家屬, 遇夏人三千來戰, 殪之.[643]	夏國王李諒祚母遣使乞依舊稱藩. 使還, 詔諭別遣信臣詣闕, 當徐思之.[644]
11월		阻卜酋長豁得剌遣使來貢.
12월		夏國李諒祚遣使上表, 乞依舊臣屬.[645]

632) 『遼史』 권20, 「本紀」 제20, 重熙 18년 정월條.
633) 『遼史』 권20, 「本紀」 제20, 重熙 19년 정월條.
634) 『遼史』 권20, 「本紀」 제20, 重熙 19년 2월條.
635) 『遼史』 권20, 「本紀」 제20, 重熙 19년 3월條.
636) 『遼史』 권20, 「本紀」 제20, 重熙 19년 5월條.
637) 부족에 속하므로 삭제함.
638) 『遼史』 권20, 「本紀」 제20, 重熙 18년 6월條.
639) 표에는 "高麗遣使來賀伐夏之捷"이라 되어 있음.
640) 『遼史』 권20, 「本紀」 제20, 重熙 18년 8월條.
641) 『遼史』 권20, 「本紀」 제20, 重熙 18년 9월條.
642) 『遼史』 권20, 「本紀」 제20, 重熙 19년 9월條.
643) 『遼史』 권20, 「本紀」 제20, 重熙 18년 10월條.
644) 『遼史』 권20, 「本紀」 제20, 重熙 19년 10월條.
645) 『遼史』 권20, 「本紀」 제20, 重熙 19년 12월條.

연대	중희 20년 (1051)	중희 21년 (1052)	중희 22년 (1053)
1월			
2월	遣前北院都監蕭友括等使夏國, 索党項叛戶.[646] 吐蕃遣使來貢.		回鶻阿薩蘭爲隣國所侵, 遣使求援.
3월			李諒祚以賜詔許降, 遣使來謝. [647]
4월			
5월	蕭友括等使夏還, 李諒祚母表乞如党項權進馬、駝、牛、羊等物. 夏國遣使求唐隆鎭及乞罷所建城邑, 以詔答之.[648]		
6월	詔以所獲李元昊妻及前後所俘夏人, 安置蘇州. 以伐夏所獲物遣使遺宋.[649]		高麗遣使來貢.
7월			阻卜大王屯禿古斯率諸部長獻馬、駝.
8월			
9월			夏國李諒祚遣使進降表. 遣南面林牙高家奴等奉詔撫諭.[650]
10월		夏國李諒祚遣使乞弛邊備, 卽遣蕭友括奉詔諭之.[651]	
11월		回鶻阿薩蘭遣使貢名馬、文豹.	
12월			詔回鶻部副使以契丹人充. 詔大臣曰:「朕與宋主約爲兄弟, 歡好歲久, 欲見其繪像, 可諭來使.」[652]

646)『遼史』권20,「本紀」제20, 重熙 20년 2월條.
647)『遼史』권20,「本紀」제20, 重熙 22년 3월條.
648)『遼史』권20,「本紀」제20, 重熙 20년 5월條.
649)『遼史』권20,「本紀」제20, 重熙 20년 6월條.
650)『遼史』권20,「本紀」제20, 重熙 22년 9월條.
651)『遼史』권20,「本紀」제20, 重熙 21년 10월條.
652)『遼史』권20,「本紀」제20, 重熙 22년 12월條.

연대	중희 23년 (1054)	중희 24년 / 청녕淸寧 원년 (1055)	청녕 2년 (1056)	청녕 3년 (1057)
1월	夏國遣使貢方物.	宋遣使來賀, 饋馴象.[653]		
2월		召宋使釣魚、賦詩. 夏國遣使來賀.[654]		
3월				
4월	高麗遣使來貢.			
5월	李諒祚乞進馬、駝, 詔歲貢之.[655] 夏國遣使來貢.			
6월	高麗王徽請官其子, 詔加檢校太尉.[656] 吐蕃遣使來貢.		阻卜酋長來朝, 貢方物. 高麗遣使來貢.[657]	
7월	夏國李諒祚遣使來求婚.[658]			
8월		遣使報哀于宋及夏、高麗.[659]		
9월		遣左夷離畢蕭謨魯等以先帝遺物遺宋. 遣使以卽位報宋. 遣使賜高麗、夏國先帝遺物.[660]		
10월	李諒祚遣使進誓表.[661]			
11월	阻卜部長來貢.	宋及高麗遣使來會.[662]		高麗遣使來貢.[663]
12월		宋遣歐陽修等來賀卽位.[664]		

653) 『遼史』 권20, 「本紀」 제20, 重熙 24년 정월條.
654) 『遼史』 권20, 「本紀」 제20, 重熙 24년 2월條.
655) 『遼史』 권20, 「本紀」 제20, 重熙 23년 5월條.
656) 『遼史』 권20, 「本紀」 제20, 重熙 23년 6월條.
657) 『遼史』 권21, 「本紀」 제21, 淸寧 2년 6월條.
658) 『遼史』 권20, 「本紀」 제20, 重熙 23년 7월條.
659) 『遼史』 권21, 「本紀」 제21, 重熙 24년 8월條.
660) 『遼史』 권21, 「本紀」 제21, 淸寧 원년 9월條.
661) 『遼史』 권20, 「本紀」 제20, 重熙 23년 11월條.
662) 『遼史』 권21, 「本紀」 제21, 淸寧 원년 11월條.
663) 『遼史』 권21, 「本紀」 제21, 淸寧 3년 11월條.
664) 『遼史』 권21, 「本紀」 제21, 淸寧 원년 12월條.

연대	청녕 4년 (1058)	청녕 5년 (1059)	청녕 6년 (1060)	청녕 7년 (1061)	청녕 8년 (1062)	청녕 9년 (1063)	청녕 10년 (1064)	함옹咸雍 원년 (1065)
1월	遣使報哀于宋、夏. 宋遣使奉宋主繪像來.665)							
2월								
3월						宋主禎殂, 以姪曙爲子嗣位. 666)		
4월	宋遣使弔祭.667)							
5월	夏國、高麗遣使來會.668)							夏國遣使來貢.669)
6월			以東北路女直詳穩高家奴爲惕隱.670)					
7월								
8월								
9월								
10월								
11월								
12월								

665)『遼史』 권21, 「本紀」 제21, 淸寧 4년 정월條.
666)『遼史』 권22, 「本紀」 제22, 淸寧 9년 3월條.
667)『遼史』 권21, 「本紀」 제21, 淸寧 4년 4월條.
668)『遼史』 권21, 「本紀」 제21, 淸寧 4년 5월條.
669)『遼史』 권22, 「本紀」 제22, 咸雍 원년 5월條.
670)『遼史』 권21, 「本紀」 제21, 淸寧 6년 6월條.

연대	함옹 2년 (1066)	함옹 3년 (1067)	함옹 4년 (1068)	함옹 5년 (1069)
1월	宋賀正使王嚴卒, 以禮送還. 671)			阻卜叛,672) 以晉王仁先爲西北路招討使, 領禁軍討之.
2월			夏國王李諒祚子秉常遣使告哀.673)	
3월		宋主曙殂, 子頊嗣位, 遣使告哀; 卽遣右護衛太保蕭撻不也、翰林學士陳覺等弔祭.674)	遣使夏國弔祭. 夏國李秉常遣使獻其父諒祚遺物.675)	
4월			阿薩蘭回鶻遣使來貢.	
5월				
6월	回鶻來貢. 阻卜來貢.676)	宋遣使饋其先帝遺物. 宋以卽位, 遣陳襄來報, 卽遣知黃龍府事蕭圖古辭、中書舍人馬鉉往賀.677)		吐蕃遣使來貢.
7월				夏國遣使來謝封冊. 678)
8월				
9월				仁先遣人奏阻卜捷.
10월			冊李秉常爲夏國王. 679)	
11월		夏國遣使進回鶻僧、金佛、梵覺經.680)		閏月, 夏國王李秉常遣使乞賜印綬.681)
12월		夏國王李諒祚薨.682)	夏國遣使來貢.	

671) 『遼史』 권22, 「本紀」 제22, 咸雍 2년 정월條.
672) 『遼史』 권22, 「本紀」 제22, 咸雍 5년 정월條. 표에는 3월조에 나온다(「교감기」).
673) 『遼史』 권22, 「本紀」 제22, 咸雍 4년 2월條.
674) 『遼史』 권22, 「本紀」 제22, 咸雍 3년 3월條.
675) 『遼史』 권22, 「本紀」 제22, 咸雍 4년 3월條.
676) 표에는 阻卜酋長이 來貢한 것으로 되었다.
677) 『遼史』 권22, 「本紀」 제22, 咸雍 3년 6월條.
678) 『遼史』 권22, 「本紀」 제22, 咸雍 5년 7월條.
679) 『遼史』 권22, 「本紀」 제22, 咸雍 4년 10월條.
680) 『遼史』 권22, 「本紀」 제22, 咸雍 3년 10월條.
681) 『遼史』 권22, 「本紀」 제22, 咸雍 5년 11월條.
682) 『遼史』 권22, 「本紀」 제22, 咸雍 3년 12월條.

연대	함옹 6년 (1070)	함옹 7년 (1071)	함옹 8년 (1072)	함옹 9년 (1073)	함옹 10년 (1074)	대강大康 원년 (1075)
1월						
2월	阻卜來朝, 貢方物.	女直國進馬.			阻卜來貢. 683)	
3월						
4월	西北路招討司以所降阻卜酋長至行在.					
5월						
6월	阻卜來朝.684)	吐蕃來貢.	高麗遣使來貢. 振易州貧民. 685)			吐蕃來貢.
7월						
8월						
9월						
10월	西北路招討司擒阻卜酋長來獻. 686)		回鶻來貢.	回鶻來貢. 687)		
11월	禁鬻生熟鐵于回鶻、阻卜等界.688)	高麗遣使來貢.			高麗遣使來貢.	
12월		回鶻來貢.	賜高麗佛經一藏.	高麗、夏國並遣使來貢.		

683) 표에는 "阻卜諸酋長來貢"이라 하였다.
684) 표에는 7월조에 나온다.
685) 다섯 자가 잘못 끼어든 것이다(「교감기」).
686) 표에는 "以所降阻卜酋長圖桐刮來"라는 기사가 더 있다.
687) 「본기」에는 이 기사가 없다.
688) 『遼史』 권22, 「本紀」 제22, 咸雍 6년 11월條.

연대	대강 2년 (1076)	대강 3년 (1077)	대강 4년 (1078)	대강 5년 (1079)	대강 6년 (1080)	대강 7년 (1081)
1월						女直貢良馬.
2월						
3월	遣殿前副點檢耶律轄古報哀于宋. 遣使報哀于高麗、夏國. 以皇太后遺物遣使遺宋、夏.689)					
4월			高麗遣使乞賜鴨淥江以東地, 不許.			
5월						
6월	宋及高麗、夏國各遣使弔祭.690)	回鶻來貢.	阻卜諸酋長進良馬. 阻卜酋長來貢.691)	阻卜來貢.	女直遣使來貢.	阻卜余古赧來貢.692)
7월						
8월						
9월						
10월				夏國遣使來貢.693)	回鶻遣使來貢.694)	
11월			回鶻遣使來貢.			高麗遣使來貢.
12월						

689) 『遼史』 권23, 「本紀」 제23, 大康 2년 3월條.
690) 『遼史』 권23, 「本紀」 제23, 大康 2년 6월條.
691) 표에만 나오는 기사이다.
692) 余古赧는 추장명이다. 助卜下에 與字가 있었다. 하나 삭제한다(「교감기」).
693) 『遼史』 권24, 「本紀」 제24, 大康 5년 10월條.
694) 『遼史』 권24, 「本紀」 제24, 大康 6년 10월條.

연대	대강 8년 (1082)	대강 9년 (1083)	대강 10년 (1084)	대안大安 원년 (1085)
1월	鐵驪等諸長各貢方物.695)			
2월	夏國獲宋將張天一, 遣使來獻.696)		萌古國遣使來聘. 697)	
3월			遠萌古國遣使來聘. 698)	
4월			女直貢良馬.699)	宋主頊殂, 子煦嗣位, 使來告哀.700)
5월			阻卜來貢.701)	
6월	夏國遣使來貢.702) 阻卜長來貢.	閏月, 阻卜來貢. 703)		遣使弔祭于宋. 宋遣王眞、甄祐等饋其先帝遺物.704)
7월				遣使賀宋主卽位. 705)
8월				
9월		以高麗王徽子三韓國公勳權知國事. 706)		
10월				夏國王李秉常遣使報其母梁氏哀.707)
11월				以南女直詳穩蕭袍里爲北府宰相. 遣使冊三韓國公王勳弟運爲高麗國王.708)
12월				宋遣蔡卞來謝弔祭. 709)

695) 표에는 "鐵驪酋長貢方物"로 되어 있다.
696) 『遼史』 권24, 「本紀」 제24, 大康 8년 2월條.
697) 『遼史』 권24, 「本紀」 제24, 大康 10년 2월條.
698) 『遼史』 권24, 「本紀」 제24, 大康 10년 3월條.
699) 표에는 "良馬及犬"으로 되어 있다.
700) 『遼史』 권24, 「本紀」 제24, 大安 원년 4월條.
701) 표에는 "阻卜諸酋長來貢"이라 하였다.
702) 『遼史』 권24, 「本紀」 제24, 大康 8년 6월條.
703) 표에는 "阻卜酋長來貢"으로 되어 있다.
704) 『遼史』 권24, 「本紀」 제24, 大安 원년 6월條.
705) 『遼史』 권24, 「本紀」 제24, 大安 원년 7월條.

연대	대안 2년 (1086)	대안 3년 (1087)	대안 4년 (1088)	대안 5년 (1089)
1월				高麗遣使來貢.
2월				
3월	女直貢良馬.	高麗遣使來貢. 女直貢良馬.	免高麗歲貢.	
4월				
5월				以阻卜磨古斯爲諸部長.[710] 回鶻遣使貢良馬.
6월	阻卜來朝. 阻卜酋長余古赧及愛的來朝, 詔燕國王延禧相結爲友.[711]			夏國遣使來謝封冊.[712]
7월			遣使冊李乾順爲夏國王.[713]	
8월				
9월				遣使遺宋鹿脯.[714]
10월	以夏國王李秉常薨, 遣使詔其子乾順知國事.[715]			
11월	高麗遣使謝封冊.[716]			
12월	夏國王李乾順遣使上其父遺物.[717]			

706)『遼史』 권24, 「本紀」 제24, 大康 9년 9월條.
707)『遼史』 권24, 「本紀」 제24, 大安 원년 10월條.
708)『遼史』 권24, 「本紀」 제24, 大安 원년 11월條.
709)『遼史』 권24, 「本紀」 제24, 大安 원년 12월條.
710)『遼史』 권25, 「本紀」 제25, 大安 5년 5월條.
711) 표에는 "阻卜諸酋長來朝"라 하였다.
712)『遼史』 권25, 「本紀」 제25, 大安 5년 6월條.
713)『遼史』 권25, 「本紀」 제25, 大安 4년 7월條.
714)『遼史』 권25, 「本紀」 제25, 大安 5년 9월條.
715)『遼史』 권24, 「本紀」 제24, 大安 2년 10월條.
716)『遼史』 권24, 「本紀」 제24, 大安 2년 11월條.
717)『遼史』 권24, 「本紀」 제24, 大安 2년 12월條.

연대	대안 6년 (1090)	대안 7년 (1091)	대안 8년 (1092)	대안 9년 (1093)
1월			阻卜諸長來降.	
2월				磨古斯來侵.
3월	女直遣使來貢. 718)			
4월			阻卜長來貢. 惕德酋長胡里只來附.719)	
5월				
6월		回鶻遣使貢方物.	夏國爲宋侵, 遣使乞援.720)	
7월		回鶻遣使來貢異物, 不納, 厚賜遣之.		遣使賜高麗羊.721)
8월				
9월		日本國遣鄭元、鄭心及僧應範等二十八人來貢.	日本國遣使來貢. 722)	
10월			遣使遺宋鹿脯. 阻卜磨古斯殺金吾吐古斯以叛, 遣奚六部禿里耶律郭三發諸蕃部兵討之. 723)	有司奏磨古斯詒西北路招討使耶律撻不也僞降, 旣而乘虛來襲, 撻不也死之. 阻卜烏古札叛, 達里底、拔思母並寇倒塌嶺. 有司奏阻卜長轄底掠西路羣牧. 烏古敵烈統軍使蕭朽哥奏討阻卜等部捷. 宋遣使告其母后曹氏哀, 卽遣使弔祭.724)
11월	高麗遣使來貢.			特抹等奏討阻卜捷. 725)
12월				宋遣使以母后遺留物來饋.726)

718) 『遼史』 권25, 「本紀」 제25, 大安 6년 3월條. 표에는 "女直國遣使貢良馬"로 되어 있음.
719) 『遼史』 권25, 「本紀」 제25, 大安 8년 4월條.
720) 『遼史』 권25, 「本紀」 제25, 大安 8년 6월條.
721) 『遼史』 권25, 「本紀」 제25, 大安 9년 7월條.
722) 『遼史』 권25, 「本紀」 제25, 大安 8년 9월條.
723) 『遼史』 권25, 「本紀」 제25, 大安 8년 10월條.
724) 『遼史』 권25, 「本紀」 제25, 大安 9년 10월條.
725) 『遼史』 권25, 「本紀」 제25, 大安 9년 11월條.

연대	대안 10년 (1094)	수륭壽隆 원년 (1095)	수륭 2년 (1096)
1월	惕德來貢. (烏古扎等記事)[727]	(拔思母記事)[728]	(拔思母記事)[729]
2월	(拔思母、達里底記事)[730]	高麗遣使來貢.	
3월	(達里底記事)[731]		
4월	(達里底、拔思母記事)[732] 惕德萌得斯、老古得等各率所部來附, 詔復舊地.[733]	女直遣使來貢.	
5월			
6월	宋遣使來謝弔祭. 和烈葛等部來聘. 惕德來貢. 是夏, 高麗國王運薨, 子昱遣使來告, 卽遣使賻贈.[734]	阻卜長禿里底及圖木葛來貢.	
7월	阻卜等寇倒塌嶺, 盡掠西路群牧馬去, 東北路統軍使耶律石柳以兵追及, 盡獲所掠而還.	阻卜長猛達斯等來貢. 斡特剌奏磨古斯捷.[735]	阻卜來貢.
8월			
9월	斡特剌破磨古斯.[736]		
10월	西北路統軍司獲阻卜長拍撒葛、蒲魯等來獻.		高麗遣使來貢.
11월	惕德銅刮、阻卜的烈等來降.[737] (達里底及拔思母記事)[738]	女直遣使進馬. 夏國進貝多葉佛經. 高麗王昱疾, 命其叔顒權知國事.[739]	
12월	西北路統軍司奏討磨古斯捷.[740]		夏國獻宋俘.[741]

726)『遼史』 권25, 「本紀」 제25, 大安 9년 12월條.
727) 표에는 기사가 나오나 부족에 해당되므로 삭제한다.
728) 표에는 기사가 나오나 부족에 해당되므로 삭제한다.
729) 표에는 기사가 나오나 부족에 해당되므로 삭제한다.
730) 표에는 기사가 나오나 부족에 해당되므로 삭제한다.
731) 표에는 기사가 나오나 부족에 해당되므로 삭제한다.
732) 표에는 기사가 나오나 부족에 해당되므로 삭제한다.
733)『遼史』 권25, 「本紀」 제25, 大安 10년 4월條.
734)『遼史』 권25, 「本紀」 제25, 大安 10년 6월條.
735)『遼史』 권26, 「本紀」 제26, 壽隆 원년 7월條.
736)『遼史』 권25, 「本紀」 제25, 大安 10년 9월條.
737)『遼史』 권25, 「本紀」 제25, 大安 10년 11월條.
738) 부족이므로 여기서는 삭제한다.
739)『遼史』 권26, 「本紀」 제26, 壽隆 원년 11월條.
740)『遼史』 권25, 「本紀」 제25, 大安 10년 12월條.
741)『遼史』 권26, 「本紀」 제26, 壽隆 2년 12월條.

연대	수륭 3년 (1097)	수륭 4년 (1098)	수륭 5년 (1099)
1월		徙阻卜等貧民于山前. 宋遣使來饋錦綺.742)	詔夏國王李乾順伐拔思母等部.
2월	閏月, 阻卜長猛撒葛等請復舊地, 貢方物, 從之.		
3월			
4월			
5월	斡特剌討阻卜, 破之.		蘗師奴等使宋回, 奏宋罷兵. 743)
6월	夏人來告宋城要地, 遣使之宋, 諭與夏和.744)	夏國爲宋所攻, 遣使求援. 745)	阻卜來貢.
7월			惕德長禿的等來貢.746)
8월			
9월	(梅里急之捷記事)747)		
10월			高麗王顒遣使乞封冊. 宋遣郭知章、曹平來聘.748)
11월		知右夷離畢事蕭藥師奴等使宋, 諷與夏和. 夏復遣使求援. 749)	夏國以宋罷兵, 遣使來謝. 750)
12월	(梅里急記事)751)		

742)『遼史』권26,「本紀」제26, 壽隆 4년 정월條.
743)『遼史』권26,「本紀」제26, 壽隆 5년 5월條.
744)『遼史』권26,「本紀」제26, 壽隆 3년 6월條.
745)『遼史』권26,「本紀」제26, 壽隆 4년 6월條.
746)『遼史』권26,「本紀」제26, 壽隆 5년 7월條.
747) 표에는 나오나 梅里急은 부족이므로 여기서는 삭제한다.
748)『遼史』권26,「本紀」제26, 壽隆 5년 10월條.
749)『遼史』권26,「本紀」제26, 壽隆 4년 11월條.
750)『遼史』권26,「本紀」제26, 壽隆 5년 11월條.
751) 표에는 나오나 梅里急은 부족이므로 여기서는 삭제한다.

연대	수릉 6년 (1100)	수릉 7년 / 건통乾統 원년 (1101)	건통 2년 (1102)
1월	斡特剌執磨古斯來獻.752)		
2월	磔磨古斯于市. 宋遣使告宋主煦殂, 弟佶嗣位, 卽日遣使弔祭.753)	遣使告哀于宋及西夏、高麗. 754)	
3월			
4월			
5월	宋遣使饋先帝遺物.755)		
6월	遣使賀宋主. 以有司案牘書宋帝「嗣位」爲「登寶位」. 756) 阻卜長來貢.	宋遣王潛等來弔祭. 高麗、夏國各遣使慰奠.757)	夏國王李乾順復遣使請尙公主. 李乾順爲宋所攻, 遣李造福、田若水求援.758)
7월		阻卜、鐵驪來貢.	阻卜來侵, 斡特剌等戰敗之. 759)
8월			
9월			
10월			
11월	夏國王李乾順遣使請尙公主.760)		
12월	女直國遣使來貢. 鐵驪來貢. 宋遣使來謝. 是歲, 封高麗王顒長子俁爲三韓國公. 761)	宋遣黃實來賀卽位. 高麗、夏國並遣使來賀. 初, 以楊割爲生女直部節度使, 其俗呼爲太師. 是歲楊割死, 傳于兄之子烏雅束, 束死, 其弟阿骨打襲.762)	

752) 『遼史』 권26, 「本紀」 제26, 壽隆 6년 정월條.
753) 『遼史』 권26, 「本紀」 제26, 壽隆 6년 2월條.
754) 『遼史』 권27, 「本紀」 제27, 乾統 원년 2월條.
755) 『遼史』 권26, 「本紀」 제26, 壽隆 6년 5월條.
756) 『遼史』 권26, 「本紀」 제26, 壽隆 6년 6월條.
757) 『遼史』 권27, 「本紀」 제27, 乾統 원년 6월條.
758) 『遼史』 권27, 「本紀」 제27, 乾統 2년 6월條.
759) 『遼史』 권27, 「本紀」 제27, 乾統 2년 7월條.
760) 『遼史』 권26, 「本紀」 제26, 壽隆 6년 11월條.
761) 『遼史』 권26, 「本紀」 제26, 壽隆 6년 12월條.
762) 『遼史』 권27, 「本紀」 제27, 乾統 원년 12월條.

연대	건통 3년 (1103)	건통 4년 (1104)	건통 5년 (1105)	건통 6년 (1106)
1월	女直函蕭海里首, 遣使來獻.		夏國遣李造福等來求援, 且乞伐宋. 遣樞密直學士高端禮等諷宋罷伐夏兵.763)	遣知北院樞密使事蕭得里底、知南院樞密使事牛溫舒使宋, 諷歸所侵夏地.764)
2월				
3월			以族女南仙封成安公主, 下嫁夏國王李乾順.765)	
4월				
5월			宋遣曾孝廣、王戩報聘. 766)	
6월	夏國王李乾順復遣使請尙公主.767)	夏國遣李造福、田若水求援.768) 吐蕃遣使來貢.	夏國遣使來謝, 及貢方物.769)	夏國遣李造福等來謝. 770)
7월				阻卜來貢.
8월				
9월				
10월	吐蕃遣使來貢. 夏國復遣使求援.771)			宋與夏通好, 遣劉正符、曹穆來告.772)
11월			高麗三韓國公王顒薨, 子俁遣使來告.773)	
12월			夏國復遣李造福、田若水求援. 宋遣林洙來議與夏約和.774)	

763)『遼史』 권27, 「本紀」 제27, 乾統 5년 정월條.
764)『遼史』 권27, 「本紀」 제27, 乾統 6년 정월條.
765)『遼史』 권27, 「本紀」 제27, 乾統 5년 3월條.
766)『遼史』 권27, 「本紀」 제27, 乾統 5년 5월條.
767)『遼史』 권27, 「本紀」 제27, 乾統 3년 6월條.
768)『遼史』 권27, 「本紀」 제27, 乾統 4년 6월條.
769)『遼史』 권27, 「本紀」 제27, 乾統 5년 6월條.
770)『遼史』 권27, 「本紀」 제27, 乾統 6년 6월條.
771)『遼史』 권27, 「本紀」 제27, 乾統 3년 10월條.
772)『遼史』 권27, 「本紀」 제27, 乾統 6년 10월條.
773)『遼史』 권27, 「本紀」 제27, 乾統 5년 11월條.
774)『遼史』 권27, 「本紀」 제27, 乾統 5년 12월條.

연대	건통 7년 (1107)	건통 8년 (1108)	건통 9년 (1109)	건통 10년 (1110)	천경天慶 원년 (1111)
1월					
2월					
3월			夏國以宋不歸地, 遣使來告.		
4월		封高麗王俁爲三韓國公, 贈其父顒爲高麗國王.[775]			
5월					
6월		夏國王李乾順以成安公主生子, 遣使來告.[776] 西北路招討使蕭敵里率諸蕃酋長來朝.		夏國遣李造福等來貢. 阻卜來貢.[777]	
7월					
8월					
9월					
10월					
11월					
12월		高麗遣使來謝.[778]	高麗遣使來貢.		

775) 『遼史』 권27, 「本紀」 제27, 乾統 8년 4월條.
776) 『遼史』 권27, 「本紀」 제27, 乾統 8년 6월條.
777) 『遼史』 권27, 「本紀」 제27, 乾統 10년 6월條.
778) 표에는 11월로 되어 있으나, 「본기」에는 12월 기사임.

연대	천경 2년 (1112)	천경 3년 (1113)
1월		
2월	如春州. 幸混同江鈎魚, 界外生女直酋長在千里內者, 以故事皆來朝. 適遇「頭魚宴」, 酒半酣, 上臨軒, 命諸酋次第起舞, 獨阿骨打辭以不能. 諭之再三, 終不從. 他日, 上密謂樞密使蕭奉先曰:「可託以邊事誅之.」奉先曰:「恐傷向化之心, 何能爲?」其弟吳乞買、粘罕、胡舍等嘗從獵, 能呼鹿, 刺虎, 搏熊. 上喜, 輒加官爵.779)	
3월		阿骨打一日率五百騎突至咸州, 吏民大驚. 翌日, 赴詳穩司, 與趙三等面折庭下. 阿骨打不屈, 送所司問狀. 一夕遁去. 遣人訴于上, 謂詳穩司欲見殺, 故不敢留. 自是召不復至.780)
4월		
5월		
6월	和州回鶻來貢. 成安公主來朝.781) 阻卜來貢.	斡朗改國遣使來貢良犬. 夏國遣使來貢.782)
7월		
8월		
9월	阿骨打混同江宴歸, 疑上知其異志, 遂稱兵, 先併旁近部族. 女直趙三、阿鶻產拒之, 阿骨打虜其家屬. 二人走訴咸州, 詳穩司送北樞密院. 蕭奉先作常事以聞上, 仍送咸州詰責, 欲使自新. 後數召, 阿骨打竟稱疾不至.783)	
10월	高麗三韓國公王俁之母死, 來告, 卽遣使致祭, 起復.784)	
11월		
12월		高麗遣使來謝致祭.785) 回鶻遣使來貢. 高麗遣使來謝起復.

779) 『遼史』 권27, 「本紀」 제27, 天慶 2년 2월條.
780) 『遼史』 권27, 「本紀」 제27, 天慶 3년 3월條.
781) 『遼史』 권27, 「本紀」 제27, 天慶 2년 6월條.
782) 『遼史』 권27, 「本紀」 제27, 天慶 3년 6월條.
783) 『遼史』 권27, 「本紀」 제27, 天慶 2년 9월條.
784) 『遼史』 권27, 「本紀」 제27, 天慶 2년 10월條.
785) 『遼史』 권27, 「本紀」 제27, 天慶 3년 12월條.

연대	천경 4년 (1114)	천경 5년 (1115)
1월	初, 女直起兵, 以紇石烈部人阿疎不從, 遣其部撒改討之. 阿疎弟狄故保來告, 詔諭使勿討, 不聽, 阿疎來奔. 至是女直遣使來索, 不發.786)	下詔親征,787) 遣僧家奴持書約和, 斥阿骨打名. 阿骨打遣賽剌復書, 若歸叛人阿疎, 遷黃龍府於別地, 然後議之.
2월		
3월		遣耶律張家奴等六人齎書使女直, 斥其主名, 冀以速降.
4월		
5월		張家奴等以阿骨打書來, 復遣之往.
6월		張家奴等還, 阿骨打復書, 亦斥名諭之使降. 以親征諭諸道. 是月, 遣蕭辭剌使女直, 以書辭不屈見留.
7월	女直復遣使取阿疎, 不發.788) 遣侍御阿息保問境上多建城堡之故. 阿骨打乃與弟粘罕、胡舍等謀, 以銀朮割、移烈、婁室、闍母等爲帥, 集女直諸部兵, 擒遼障鷹官. 及攻寧江州, 東北路統軍司以聞. 蕭撻不也遇女直, 戰于寧江東, 敗績.789)	宋遣使致助軍銀絹.790) 都統斡里朶等與女直戰于白馬濼, 敗績.
8월	阿息保還, 言女直國主之意, 若還阿疎; 朝貢如舊; 不然, 城未能已. 女直國遣師來攻.	以圍場使阿不爲中軍都統, 率番、漢兵十萬等, 自長春州分道而進, 發數月糧, 期必滅女直.791)
9월		女直軍陷黃龍府. 辭剌還, 女直復遣賽剌以書來報: 若歸我叛人阿疎等, 卽當班師. 上親征. 粘罕、兀朮等以書來上, 陽爲卑哀之辭, 實欲求戰. 書上, 上怒. 章奴叛. 順國女直阿鶻產以三百騎一戰而勝.792)
10월	女直國下寧江州. 以守司空蕭嗣先爲東北路都統, 率諸軍屯出河店. 兩軍對壘, 女直軍潛渡混同江, 掩擊遼衆, 遼軍大潰.793)	
11월	都統蕭敵里等營于斡鄰濼東, 又爲女直所襲. 士卒死者甚衆.794)	遣駙馬蕭特末等將騎兵五萬、步卒四十萬、親軍七十萬至駝門.795)
12월	咸、賓、祥三州及鐵驪、兀惹皆叛入女直. 乙薛往援賓州, 南軍諸將實婁、特烈等往援咸州, 並爲女直所敗.796)	

786) 『遼史』 권27, 「本紀」 제27, 天慶 4년 정월條.
787) 『遼史』 권28, 「本紀」 제28, 天慶 5년 정월條.
788) 표에는 3월조에도 나온다.
789) 『遼史』 권27, 「本紀」 제27, 天慶 4년 7월條.

연대	천경 6년 (1116)	천경 7년 (1117)	천경 8년 (1118)
1월		是月, 女直軍攻春州, 東北面諸軍不戰自潰.	遣耶律奴哥等使金議和.
2월			耶律奴哥還自金, 金主復書曰:「能以兄事朕, 歲貢方物, 歸我上、中京、興中府三路州縣; 以親王、公主、駙馬、大臣子孫爲質; 還我行人及元給信符, 并宋、夏、高麗往復書詔、表牒, 則可以如約.
3월			復遣奴哥使金.
4월			
5월	女直軍攻下瀋州, 復陷東京.		奴哥以書來, 約不踰此月見報. 復遣奴哥使金國, 要以酌中之議. 金主遣胡突袞與奴哥持書, 報如前約.
6월			遣奴哥等齎宋、夏、高麗書詔、表牒至金.
7월			金復遣胡突袞來, 免取質子及上京、興中府所屬州郡, 裁減歲幣之數, 「如能以兄事朕, 冊用漢儀, 可以如約」.
8월			遣奴哥、突迭使金, 議冊禮.
9월			突迭見留, 遣奴哥還, 謂之曰:「言如不從, 勿復遣使.」 閏月, 遣奴哥復使金.
10월			奴哥、突迭持金書來.
11월			
12월		女直復攻拔顯州旁近州郡. 是歲, 女直阿骨打用鐵州楊朴策, 即位皇帝, 建元天輔, 國號金. 楊朴又言, 自古英雄開國或受禪, 必先求大國封冊, 遂遣使議和, 以求封冊.797)	議定冊禮, 遣奴哥使金.

790) 『遼史』 권28, 「本紀」 제28, 天慶 5년 7월條.
791) 『遼史』 권28, 「本紀」 제28, 天慶 5년 8월條.
792) 『遼史』 권28, 「本紀」 제28, 天慶 5년 9월條.
793) 『遼史』 권27, 「本紀」 제27, 天慶 4년 10월條.
794) 『遼史』 권27, 「本紀」 제27, 天慶 4년 11월條.
795) 『遼史』 권28, 「本紀」 제28, 天慶 5년 11월條.
796) 『遼史』 권27, 「本紀」 제27, 天慶 4년 12월條.
797) 『遼史』 권28, 「本紀」 제28, 天慶 7년 12월條.

연대	천경 9년 (1119)	천경 10년 (1120)	보대保大 원년 (1121)	보대 2년 (1122)
1월	金遣烏林答贊謨持書來迎冊.			金克中京, 進下澤州.
2월		金復遣烏林答贊謨持書及冊文副本以來, 仍責乞兵于高麗.		金師敗奚王霞末于北安州, 遂降其城.
3월	遣知右夷離畢事蕭習泥烈等冊金主爲東懷國皇帝. 烏林答贊謨、奴哥等先以書報.798)	以金人所定「大聖」二字, 與先世稱號同, 復遣習泥烈往議. 金主怒, 遂絶之.		
4월				金師取西京.
5월	阻卜補疎只等叛.	金主親攻上京, 克外郛, 留守撻不也率衆出降.		
6월				夏國援兵至, 亦爲金所敗.
7월	金復遣烏林答贊謨來, 責冊文無「兄事」之語, 不言「大金」而云「東懷」, 乃小邦懷其德之義; 及冊文有「渠材」二字, 語涉輕侮; 若「遙芬多戩」等語, 皆非善意, 殊乖體式. 如依前書所定, 然後可從.			夏國遣曹价來問起居.799)
8월				親遇金師, 戰于石輦驛, 敗績. 會軍于歡撻新查剌, 金兵追之急, 棄輜重以遁.
9월	復遣習泥烈、楊立忠先持冊藁使金.			
10월	是月, 遣使送烏林答贊謨持書以還. 800)			金兵攻蔚州, 降.
11월				秦晉王淳妻蕭德妃五表于金, 求立秦王, 不許, 以勁兵守居庸. 及金兵臨關, 厓石自崩, 戍卒多壓死, 不戰而潰.801)
12월	遣使送贊謨以還.			金主撫定南京.

798) 『遼史』 권28, 「本紀」 제28, 天慶 9년 3월條.

799) 표에는 曹介로 되어 있다.

연대	보대 3년 (1123)	보대 4년 (1124)	보대 5년 (1125)
1월	金帥粘罕入燕.[802]	金師來攻, 上棄營北遁. 特母哥歸金.	党項小斛祿遣人請臨其地. 過天德, 潛宿民家, 居數日.
2월	興中府降金. 歸德軍及隰、遷、潤三州欵附金.		至應州新城東六十里, 爲金人完顔婁室等所獲.
3월			
4월	金兵至居庸關. 金遣人來招, 答言請和. 金復以書來招, 答其書. 金帥書來, 不許請和.		
5월	夏國王李乾順遣使請臨其國.	金人旣克燕, 驅燕之大家東徙, 以燕空城及涿、易、檀、順、景、薊州與宋以塞盟.[803]	
6월	遣使冊李乾順爲夏國皇帝.		
7월		出夾山, 南下武州, 遇金人, 戰于奄遏下水, 復潰.[804]	
8월		蕭撻不也、察剌歸金.	天祚至金, 降封海濱王.[805]
9월		建州降金.	
10월		興中府降金.	
11월			
12월			

800) 표에는 12월조에 나온다.
801) 『遼史』 권29, 「本紀」 제29, 保大 2년 11월條.
802) 『遼史』 권29, 「本紀」 제29, 保大 3년 정월條.
803) 『遼史』 권29, 「本紀」 제29, 保大 4년 5월條.
804) 『遼史』 권29, 「本紀」 제29, 保大 4년 7월條.
805) 『遼史』 권30, 「本紀」 제30, 保大 5년 8월條.

V. 「병위지兵衛志」 속국군조屬國軍條와 「백관지百官志」 속국관조屬國官條의 상차점相差點

『요사』「백관지百官志」 북면속국관조北面屬國官條를 중심으로 「병위지兵衛志」 속국군조屬國軍條와 「영위지營衛志」 등을 대조 검토하면 서로 모순되거나 잘못 편록編錄된 곳이 여러 군데 있음을 지적할 수 있다.

먼저 「병위지」부터 검토하여 보겠다. 「병위지」 속국군조 서두序頭에

> "遼屬國可紀者五十有九, 朝貢無常, 有事則遣使徵兵, 或下詔專征, 不從者討之. 助軍衆寡, 各從其使, 無常額."806)

이라 하였다. 그러면 거란의 속국으로 기록 가능한 것이 겨우 59개 국인데 이들마저도 조공이 무상無常하다고 하였다. 그런데 「백관지」의 북면속국관조에는 무려 78개 국이나 나온다. 그러면 여기서도 우선 숫자상 19개 국이나 차이가 난다. 이는 앞서 북면속국관조에만 나오고 「본기」나 「속국표」에는 나오지 않은 나라가 25개 국인데 그 숫자와 거의 맞는 것이 아닌가 생각된다. 그리고 「병위지」에서는 조공이 무상하다고 하였다. 그렇다면 「속국표」에 나오는 78개 국은 더 관계가 미약微弱하거나 어떤 나라는 공빙貢聘의 기록마저 없는 나라도 있어서, 그 존재를 의심하지 않을 수 없다. 문제는 「병위지」의 속국군이나 「백관지」의 북면속국관조에서 소위 속국의 이름이나마 같아야 하는데 하나는 59개 국이 수록되었고 하나는 78개 국이 수록되어 있으니 이것도 문제이지만 이 숫자보다도 내용이 더 문제이다. 「병위지」 속국군에 나오는 국명을 「백관지」의 북면속국관조에 나오는 속

---

806) 『遼史』 권36, 「志」 제6, 兵衛志下, 屬國軍條.

국과 속부屬部에 기준을 두고 나누어 보면 다음과 같다.

- 국國 : 37개 — 토곡혼吐谷渾, 철려鐵驪, 말갈靺鞨, 흑거자실위黑車子室韋, 돌궐突厥, 당항党項, 소번小蕃, 사타沙陀, 조복阻卜, 대식大食, 감주회골甘州回鶻, 오손烏孫, 돈황燉煌, 신라新羅, 임렬賃烈, 요리要里, 회골回鶻, 할알사轄戞斯, 토번吐蕃, 아살란회골阿薩蘭回鶻, 우전于闐, 사자師子, 북여직北女直, 하서당항河西党項, 사주돈황沙州燉煌, 갈소관曷蘇館, 사주회골沙州回鶻, 대번大蕃, 고창高昌, 비골덕鼻骨德, 화주회골和州回鶻, 알랑개斡朗改, 고려高麗, 서하西夏, 여직女直, 파사波斯, 남경여직南京女直
- 부部 : 14개 — 올야兀惹, 사리저斜離底, 오고烏古, 소곤나素昆那, 호모사산번胡母思山蕃, 포로모타蒲盧毛朶, 포노리蒲奴里, 회발回拔, 달리저達里底, 발사모拔思母, 적렬敵烈, 점팔갈粘八葛, 매리급梅里急, 야도괄耶睹刮
- 내부內部 : 7개 — 서해西奚, 동부해東部奚, 오마산해烏馬山奚, 사지저査只底, 소황실위小黃室韋, 대황실위大黃室韋(돌려불실위부突呂不室韋部), 황실위黃室韋(?)

위에서 보이는 바와 같이 국은 37개 국 밖에 안되고 나머지는 부족이 나열되어 있다. 실상이 국이라는 것도 상당한 문제가 있다. 이것을 원인별로 나누어 초록抄錄하여 보면 다음과 같다.

- 속국관조에 없는 나라 : 9개 국

  파사波斯, 돈황燉煌, 황실위黃室韋, 소황실위小黃室韋, 대황실위大黃室韋, 하서당항河西党項, 남경여직南京女直, 파리頗里, 화주회골和州回鶻.
- 속국관조에 나오는 이름과 다른 나라 : 6개 국

회골回鶻(兵) → 회골선우국回鶻單于國(百), 황실위黃室韋(兵), 소황실위小黃室韋(兵), 대황실위大黃室韋(兵) → 실위국室韋國(百), 사자師子(兵) → 사자국獅子國(百), 사주돈황沙州燉煌(兵) → 사주회골돈황군沙州回鶻燉煌郡(百), 갈소관曷蘇館(兵) → 갈소관로여직曷蘇館路女直(百), 사주회골沙州回鶻(兵) → 사주회골돈황군沙州回鶻燉煌郡(百)

- 속국과 속부에 모두 나오는 나라 : 2개 국 — 당항党項, 비골덕鼻骨德.
- 속국관조에는 나오나 이미 없어진 나라 : 2개 국 — 말갈靺鞨, 신라新羅.

위의 초록에서 보는 바와 같은 모순점이 나온다. 이렇게 보면『요사』내에서도「병위지」,「백관지」,「표」,「본기」가 모두 다르다는 결론이 나온다.

Ⅵ. 맺는 말

『요사』가 여러 사서에 비하여 간오簡誤가 심하다 함은 이미 선인先人들이 지적한 바이다. 그러나 자구의 정오正誤에만 그쳤지 구체적으로 오류를 거론한 예는 드문 상황이다.

본론에서는『요사』중에서 특히「속국표」만을 분석하여 자구 및 부분오류에 대하여 언급하였다.

첫째 속국이라는 용어 자체가 부적합한 것으로 생각된다. 속국의 중요 요건중의 하나가 조공이다. 이 조공의 의미는 시대에 따라 변화되어 중국 주변국들이 중국에 대하여 교섭하는 하나의 정치·경제적인 창구로 이용되어 왔으며 중국인들은 이 를 조공으로 기록하여 흡사 모든 국가들이 중국에 조공한 것으로 되어 있다. 그런데「본기」에서는 중원에 자리한 국가나 북서 제족이나 다같이 조공한 것으로 기록하였으나, 「표」에서는 중원의 군소국은 빼고 여타국들만 「표」에 나열하였으며, 또 다른 소국과 별 다름이 없는 달단達旦·맹고萌古 등은 「본기」에서 빙聘으로 적고, 이는 평등국가로 보았는지 「표」에는 빠져 있다. 또 파사波斯 같은 나라는 「본기」에는 있으나 「표」에는 없다. 신라新羅·예맥濊貊·말갈靺鞨 등 국은 이미 없어진지 오래된 나라이지만 「표」에 넣어져 있다.

둘째, 중국 25사 중에 10세기 이후의 사서인 『구오대사』·『금사』·『원사』·『신원사』·『명사』에서는 그 이전사以前史에서 말하는 소위 이만제국夷蠻諸國을 외국조外國條에서 다루고 있지만 『요사』에서는 그 중 대국인 고려와 서하를 「외기外紀」로도 다루고 또 「속국표」에도 넣었다.

셋째, 국과 부를 혼동하여 양 쪽에 모두 들어가 있는 경우가 있어서 그 본래의 정체를 알 수 없는 곳이 더러 있다.

넷째, 「백관지」 북면속국관조에는 78개 국명이 나열되어 있지만 속국군조에는 겨우 37개 국 밖에 되지 않는다. 그리고 그 국가들도 조공이 무상하다고 하였으니 실제 속국의 존재가 의심스럽다.

다섯째, 북방유목민北方游牧民의 국이나 부의 이름을 한자漢字로 옮기는데 그 '음音'이나 '훈訓'을 기록하는 과정에서 유사하게 적은 것을 각각 하나의 국으로 기록한 것이 더러 있다.

여섯째, 비록 북면속국관조에 국명이 나오지만 「본기」와 「속국표」에 나오지 않는 나라는 그 존재 및 유계維繫의 여부가 의심된다.

일곱째, 속국이라는 관념은 거란 당시의 관념이라기 보다는 원말元末의 관념으로 보이므로 「속국표」란 명칭부터 재검토되어야 하겠다.

위와 같은 7가지의 문제점이 『요사』「속국표」에 보이는 검토대상으로 보아서 분석 결과, 『요사』가 단기간에 찬수자纂修者 각자가 원사료原史料를 취재取材하고 상호대조나 검토 없이 상재上梓하였을 것이라 생각된다. 이로 말미암아 많은 오류나 간루簡陋가 보인다 하겠다.

제2편

「고려외기高麗外記」 교감校勘

Ⅰ. 머리말

일반적으로 『요사遼史』가 여러 사서 중에서도 가장 간오簡誤가 심하다고 지적되고 있다. 그래서 선학들의 교감校勘과 호증작업互證作業이 많이 이루어졌다. 예컨대 풍가승馮家昇의 「요사초교遼史初校」, 「요사와 금사 · 신구오대사 호증거례遼史與金史新舊五代史互證擧例」, 「요사원류고遼史源流考」와 나계조羅繼祖의 『요사교감기遼史校勘記』 등이 있다. 그러나 그들이 많은 업적을 남기기는 하였으나 완벽하다고 하기에는 아직도 이르다. 더욱이 근년 이래 이러한 사료의 호증작업이 더 이상 진전이 없는 상황이여서 일부분만이라도 보완 · 수정해 보겠다는 생각에서 시작하였으나 아직 연구가 일천한 필자로서는 감당하기 어려운 부분이 한둘이 아니었다.

이 글은 이미 탈고한 「『요사遼史』「속국표屬國表」 고검考檢」이라는 글에서 좀 더 구체적인 면을 연구해 보겠다는 의도에서 시작하였다. 이 논제가 「고려외기高麗外記」에 대한 것이므로 『고려사高麗史』와 밀접한 관계가 있다. 그러므로 거란과 고려의 203년간의 교섭내용을 『고려사』와 대비하면서 분야별로 고찰하고 검토하여 보고자 한다.

Ⅱ. 인명의 오례誤例

"(統和 10年) 以東京留守蕭恒德伐高麗."라는 기사는 『고려사』에는

幸西京, 進次安北府, 聞契丹蕭遜寧攻破蓬山郡, 不得進乃還, 遣徐熙請和, 遜寧罷兵.[1]

이라 하였다. 동일한 사건을 기록한 것인데 『요사』에는 소항덕蕭恒德이고, 『고려사』에는 소손녕蕭遜寧으로 기록하였다. 그런데 『요사』「소항덕전蕭恒德傳」에

恒德, 字遜寧. 有膽略而善謀, 統和元年, 尙越國公主, 拜駙馬都尉, 遷南面林牙, …[2]

이라 하였다. 그렇다면 『고려사』는 遜寧이라 하였으니 恒德의 字를 적은 것이며 『요사』는 성명을 적은 것이다. 응당 '蕭恒德'이라 해야 할 것이다.[3]

"(統和 13年) 治遣李周楨來貢."이라는 기사에서는 『요사』「본기」, 「고려외기」 및 『고려사절요高麗史節要』에는 '楨'으로 되어 있으나 『고려사』에는 '禎'이다.[4] 나계조가 『요사』 교감 때에는 「본기」에 '禎'으로 되어 있었다.[5]고 하나 『신교본 요사新校本遼史』에는 '楨'으로 바꾸어 졌고, 『인수본 요사仁壽本遼史』에도 '楨'으로 되었다. 그러나 『고려사』가 고려의 정사正史라는 점으로 미루어 보아 마땅히 '禎'으로 함이 옳을 것이다.

"(統和 15年) 韓彥敬來納聘幣"라는 기사에서는 언경彥敬의 '敬' 자가 『요사』「본기」와 「고려외기」에는 '敬'으로 되어 있으나 『고려사』

---

1) 『高麗史』 권3, 「世家」 제3, 成宗 12년 윤10월 丁亥條.
2) 『遼史』 권88, 「列傳」 제18, 「蕭恒德傳」.
3) 졸저, 『契丹的東北政策』(臺北, 華世出版社, 1981), p. 82 참조.
4) 『高麗史』 권3, 「世家」 제3, 成宗 14년 2月 "是月, 遣李周禎如契丹獻方物", 『高麗史節要』 卷之2, 成宗文懿大王 14년 2월條 "遣李周楨如契丹貢方物."
5) 羅繼祖, 『遼史校勘記』(臺北, 文海出版社, 1971), p. 511 참조.

와 『고려사절요』에는 '卿'으로 되어 있다.[6] 고려조신高麗朝臣이므로 『고려사』의 기록이 더 정확할 것이다. 응당 '卿'으로 함이 옳을 것이다.

"(統和 15年) 十二月, 詔其姪記權知國事"라는 기사에서는 원래 '記'로 되어 있었는데 풍가승이 『요사』 초교 때에 '誦'으로 고쳤다.[7] 이 때는 고려 목종穆宗 때이다. 목종의 휘諱가 '誦'이다. 그리고 앞뒤 기사에서도 '誦'이라 기록하였으니 '記'는 '誦'의 오기誤記이다.

"(統和 28年) 三月, 誦遣魏守愚等來祭."라는 기사에서 魏守愚는 『고려사』에 나오지 않음으로 상고하기 어렵다.

"(統和 28年) 五月, 高麗西京留守康肇弑其主誦."이라는 기사는 『요사』 「본기」와 「고려외기」에는 '肇'로 되어 있으나 『고려사』와 『고려사절요』에는 '兆'로 기록되었다.[8] 고려인이므로 고려 측 사료가 더 정확할 것으로 보아 '兆'로 함이 옳을 것이다.

"(統和 28年) 十一月, 右皮室詳穩耶律敵魯擒肇等, 追奔數十里."라는 기사는 『요사』 「본기」와 「고려외기」의 내용은 일치되지만 『고려사절요』에는

> 契丹先鋒盆奴, 率詳穩耶律敵魯, 擊破三水砦 … 丹兵已至, 縛兆矣.[9]

라 하여 마치 야율분노耶律盆奴가 강조康兆를 생포한 것처럼 되어 있다. 그러나 『요사』 「야율분노전」에는

---

6) 『高麗史』 권3, 「世家」 제3, 成宗 15년 3월條. "遣韓彥卿如契丹納幣." 『高麗史節要』 卷之2, 成宗文懿大王 15년3월條. "遣韓彥卿如契丹納幣."

7) 馮家昇, 『遼史初校』(臺北, 文海出版社, 1971), p. 249 참조.

8) 『高麗史』 권3, 「世家」 제3, 穆宗 12년 정월條. "西京都巡檢使康兆領甲卒而至遂謀廢立" 및 『高麗史節要』 卷之2, 穆宗宣讓大王 12년 정월條. "仍徵西北面巡檢使康兆, 入衛" 등의 문장에서 '兆'임을 알 수 있으며, 이에 대하여 羅繼祖, 전게서, p. 308에서 밝히고 있다.

9) 『高麗史節要』 卷之3, 顯宗元文大王 元年 11월 己亥條.

> (統和) 二十八年, 駕征高麗, 盆奴爲先鋒, 至銅州, 高麗將康肇分兵爲三以抗我軍 : 一營于州西, 據三水之會, 肇居其中 ; 一營近州之山 ; 一附城而營. 盆奴率耶律弘古擊破三水營, 擒肇, 李玄蘊等軍望風潰.10)

라 하여 야율적로耶律敵魯가 아니고 야율홍고耶律弘古로 되어 있다. 다시 「야율홍고전」을 보면

> 耶律弘古, 字盆訥隱. … 後伐高麗, 副先鋒耶律盆奴, 擒康肇于銅州.11)

라 하였다. 그러면 강조를 잡은 자는 야율적로가 아니고 야율홍고이어야 한다. 야율적로라는 이름은 「열전」에 없다. 다만 「열전」 방기조方技條에 야율적로라는 이름이 나오지만 그의 재예才藝에 대한 이야기만 있고, 위와 같은 내용은 없으니 이는 동명이인일 것이다.12)

"(統和 28年) 十一月, 以政事舍人馬保祐爲開京留守, 安州團練使王八爲副留守."라는 기사에서 마보우馬保祐를 『요사』 「본기」에서는 '佑'로 기록하였고, 「고려외기」에는 '祐'로 하였다. 그리고 『고려사절요』에는 '佑'로 되어 있다. 응당 두 가지 사료에서 '佑'로 나오니 마땅히 '佑'로 해야 하겠다.

"(統和 28年) 十一月, 守將卓思正殺我使者韓喜孫等十人"이라는 기사에서 탁사정卓思正의 '正'은 『요사』 「본기」와 「고려외기」에는 '正'이지만 『고려사절요』에는 '政'이다.13) 고려의 장군 이름이므로 고려 측 기록에 따라야 할 것이다. 그리고 한희손韓喜孫은 『고려사절요』에 의하면

---

10) 『遼史』 권88, 「列傳」 제18, 「耶律盆奴傳」.
11) 『遼史』 권88, 「列傳」 제18, 「耶律弘古傳」.
12) 『遼史』 권108, 「列傳」 제38, 方技條.
13) 『高麗史節要』 卷之3, 顯宗元文大王 元年 12월 甲寅條.

丹主又使韓杞, 以突騎二百, 至西京城北門, …思正聞杞語, 謀諸蔡文, 使麾下鄭仁等, 將驍騎突出, 斬杞等百餘人, 餘悉擒之, 無一人還者.[14]

라 하였다. 다소의 시차가 있지만 내용상 이 사건이 틀림없다. 그러면 '喜孫'이 아니라 '杞'다. 혹 '喜孫'이 '杞'의 자字일지도 모른다. 나계조도 "喜孫即杞也"[15]라고 하였다.

"(統和 28年) 十一月, 高麗禮部郎中渤海陀失來降." 여기서 발해타실渤海陀失은 『고려사절요』에는

丹主次于城西佛寺, 思政懼, 給將軍大道秀曰; 君自東門, 吾自西門出, 前後夾攻, 篾不勝矣, 遂以摩下兵夜遁, 道秀出大東門, 始知見紿, 又力不可敵, 遂率所部, 降于契丹, 諸將皆潰."[16]

라는 기사로 보아 발해타실은 곧 대도수大道秀이다.

"(開泰 2年) 耶律資忠使高麗取地, 未幾還." 이 기사는 「본기」와 「고려외기」에는 모두 야율자충耶律資忠이다. 『요사』「본기」에 야율자충에 대한 기사는 개태開泰 2년 6월, 8일, 개태 3년 2월, 개태 9년 5월에 나온다. 모두 야율자충이라 하였다. 그러나 『고려사』와 『고려사절요』의 관계 기사는 모두 야율행평耶律行平으로 기록하였다. 『요사』「열전」에는 야율자충만 입전立傳되었고 야율행평이라는 이름은 없다. 『요사』「열전」「야율자충전耶律資忠傳」에는

耶律資忠, 字沃衍, 小字札剌, 系出仲父房. …資忠博學, 工辭章, 年四十未仕, 聖宗知其賢, 召補宿衛. 數問以古今治亂, 資忠對無隱. 開泰中, 授

---

14) 『高麗史節要』 卷之3, 顯宗元文大王 元年 12월 乙卯條.
15) 羅繼祖, 전게서, p. 309.
16) 『高麗史節要』 卷之3, 顯宗元文大王 원년 12월 丁巳條.

中丞, 眷遇日隆. 初, 高麗內屬, 取女直六部地以賜. 至是, 貢獻不時至, 詔資忠往問故, 高麗無歸地意, 由是權貴數短於上, 出爲上京副留守. 三年, 再使高麗, 留弗遣. 資忠每懷君親, 輒有著述, 號西亭集. …九年, 高麗上表謝罪, 始送資忠還. 帝郊迎, 同載以歸, 命大臣宴勞, 留禁中數日.17)

이라 하였다. 이 기사에서 자충이 전후前後해서 고려에 사신으로 오고 또 구류拘留되는 사실들이 나열되어 있다. 이에 해당되는 『고려사』의 모든 기록에는 야율평행이라 기록되어 있다. 자충이 거란인이고 또 『요사』에 그의 행적이 이와 같이 자상하게 전하므로 야율자충으로 고쳐야 될 것이다. 또 다른 이름으로도 나온다. 개태 9년(1020) 5월 그가 고려 억류생활에서 방환放還되는 기사에

"耶律資忠高麗還, 王詢表請稱藩納貢, 歸所留王人只剌里. …只剌里在高麗六年, 忠節不屈, 以爲林牙."18)

이라 하였다. 또 『요사기사본말遼史紀事本末』에는

畢沅續通鑑云: 據聖宗紀只剌里與資忠分爲二人, 按當時自資忠外不聞被留者, 資忠小字札剌即只里. 使高麗被留六年歸爲林牙者是也. 史或書名, 或書字, 遂苦兩人矣.19)

이라 하여 1인임을 명백히 밝히고 있다. 또 『신교본 요사』의 「교감기校勘記」에 의하면 자충의 소자小字가 찰랄札剌이니, 지랄리只剌里는 곧 찰랄의 이역異譯이라 하였다.20) 그 밖에 그의 행적을 보아도 자충

---

17) 『遼史』 권88, 「列傳」 제18, 「耶律資忠傳」.
18) 『遼史』 권16, 「本紀」 제16, 聖宗 7, 開泰 9년 5월 庚午條.
19) 李有棠, 『遼史紀事本末』(臺北, 文海出版社, 1983) 권7, 征撫高麗條.
20) 揚家駱主編, 『新校本遼史』(臺北, 鼎文書局) 卷16, 「校勘記」 註8 참조.

임이 명백하다.

“(開泰 4年) 命北府宰相劉愼行爲都統, 樞密使耶律世良爲副, 殿前都點檢蕭虛烈爲都監.”이라는 기사에서 인명이 「본기」와 다르다. 곧 「본기」의 유성劉晟이 유신행劉愼行으로, 소굴렬蕭屈烈이 소허렬蕭虛烈로 되어 있다. 『요사』「유육부전劉六符傳」에

> 劉六符, 父愼行, 由膳部員外郞累遷至北府宰相, 監修國史… 爲都統, 伐高麗, 以失軍期下吏, 議貴乃免, 出爲彰武軍節度使.21)

라 하였다. 여기서 유신행이 도통都統이 되었다가 실기失期하여 창무군절도사彰武軍節度使로 나간 것으로 되어 있다. 유성은 신행과 같은 날 패주절도사覇州節度使로 나간 것으로 되어 있다.22) 그러나 ‘성’과 ‘신행’은 동일인이며 창무군이 곧 패주이다.23) 그러나 「본기」에는 ‘성’이라 적고 「고려외기」에는 ‘신행’으로 적었을 뿐이다.

또 소허렬에 대해서도 소혜蕭惠의 동생에 허렬虛列이라는 자가 있으니 허렬虛烈과 동일인인지의 여부에 대해서는 고증키 어렵고 굴렬屈烈에 대해서는 조사할 수 없다. 『요사』「본기」의 개태 5년(1016)조에 야율세량耶律世良과 소굴렬蕭屈烈이 고려군과 접전했다는 기록이 있는데 이는 『고려사』와 같다. 다만 『요사』「속국표屬國表」에는 세량과 소선녕蕭善寧이 고려를 토벌하였다고 한다.

또 「본기」 개태 9년조에는 “殿前都點檢蕭屈烈爲都監”이라 하고, 「고려외기」에는 “殿前都點檢蕭虛烈爲都監”이라 하였다. 또 「본기」 개태 7년조에도 “殿前都點檢蕭虛烈爲副統”이라 하였고, 같은 해 「고려외기」

---

21) 『遼史』 권86, 「列傳」 제16, 「劉六符傳」.

22) 『遼史』 권16, 「本紀」 제16, 開泰 7년 11월 壬戌條. “以呂德懋知吏部尙書, 揚又玄知詳覆院, 劉晟爲覇州節度使, 北府宰相劉愼行爲彰武軍節度使.”

23) 『新校本遼史』 권16, 주4 참조.

에는 「본기」와 같이 "蕭虛烈爲副統"이라 하였다. 이렇게 보면 허렬虛烈 · 굴렬屈烈 · 선녕善寧이 동일한 인물일 가능성이 크다. 『요사기사본말』에는 소굴렬 주蕭屈烈註에

"攷異高麗外記作蕭實喇, 畢沅續通鑑作蕭孛哩云舊作虛烈."[24]

이라 하였다. 이로 보아도 굴렬과 허렬이 동일인임을 알 수 있다. "(開泰 7年) 蕭排押與戰于茶 · 陀二河之間."이라는 기사에서는 소배압蕭排押이라는 이름이 「본기」와는 같으나 『고려사』와 『고려사절요』에는 소손녕蕭遜寧이라 하였다. 『요사』「소배압전蕭排押傳」에

七年, 再伐高麗, 至開京, 敵奔潰, 縱兵大掠而還. 渡茶 · 陀二河, 敵夾射, 排押委甲伏走, 坐是免官.[25]

이라는 기사를 보아도 배압임이 명백하다.

Ⅲ. 지명의 오례誤例

"(統和 28年) 康肇拒戰于銅州, 敗亡."이라는 기사에서 동주銅州는 통주通州이다. 『고려사』의 "康兆與契丹戰于通州, 敗績就擒."[26]이라는 기사와 『고려사절요』의 "進至通州, 出通州城南."[27] 등의 기사에서도 찾아볼 수 있다. 그러므로 마땅히 통주로 고쳐야 할 것이다. 이병도李丙燾

24) 李有棠, 『遼史紀事本末』 권7, 征撫高麗條.
25) 『遼史』 권88, 「列傳」 제18, 「蕭排押傳」.
26) 『高麗史』 권4, 「世家」 제4, 顯宗 원년 11월 己亥條.
27) 『高麗史節要』 卷之3, 顯宗元文大王 원년 11월條.

에 의하면 통주는 오늘의 선천宣川 서북이라 한다.[28]

"(統和 28年) 銅·霍·貴·寧等州皆降."이라는 기사에서 동주銅州는 앞에 언급한 통주通州이다. 또 곽주霍州와 귀주貴州는 『고려사』「지리지地理志」의 안북도호부安北都護府 속주屬州에 곽주郭州·귀주龜州가 있는데 霍州가 바로 郭州(지금의 郭山)이고, 귀주貴州가 바로 귀주龜州(지금의 龜城)이다. 그리고 영주寧州는 확실한 고증이 어려우나 역시 안북도호부의 속주에 영주靈州가 있는데 靈이 寧으로 와음화訛音化된 것으로 보인다. 영주靈州는 곧 흥화진興化鎭이 주州로 된 것인데 이때는 아직 영주靈州로 되지 않았고[29] 이때의 이름인 흥화진은 항성降城하지 않았다.[30] 또 『신증동국여지승람新增東國輿地勝覽』에 의하면 "成宗稱寧州安北大都護府"[31]라 하였다. 이홍직李弘稙도 영주寧州를 오늘의 안주安州로 보았다.[32] 영주寧州를 안주로 보는 것이 옳을 것으로 보이나, 흥화진이 영주靈州로 승주陞州되고 靈이 寧으로 되었다면 영주寧州는 안주가 아니라 의주義州 부근이 되어야 한다.[33]

"(統和 28年) 遂焚開京, 至淸江而還."이라는 기사에서 청강淸江에 대한 것은 상고키 어렵다. 문장이나 사건의 전후사정으로 미루어 볼 때 임진강臨津江으로 비정比定되어야 하나 문헌상으로 고증키 어려우며 음이 비슷한 안북부安北府의 청천강淸川江으로 비정하려 하여도 사리에 맞지 않으며, 다만 선천군조宣川郡條에 청강淸江이라는 강이 있으나 이 역시 부적不適하여[34] 압록강鴨綠江을 청하靑河라 하기도 하였지

---

28) 李丙燾, 『韓國史 — 中世篇』(서울, 乙酉文化社, 1961), p. 179.
29) 『高麗史』 권58, 「志」 제12, 「地理志」 3, 靈州條.
30) 『高麗史節要』 卷之3, 顯宗元文大王 원년 11월條.
31) 『新增東國輿地勝覽』 권52, 安州牧 建置沿革條.
32) 李弘稙, 『國史大辭典』(서울, 百萬社, 1974), p. 257.
33) 李丙燾, 전게서, p. 184 참조 및 『高麗史』 권58, 「志」 제12, 「地理志」 3, 安北大都護府條 및 羅繼祖, 전게서, p. 309 참조.
34) 『新增東國輿地勝覽』 권53, 宣川郡條.

만[35] 이 역시 합당치 않다.

"(統和 29年) 至貴州南嶺谷."이라는 기사에서 『요사』「본기」에는 "貴州南峻嶺谷"[36]이라 하였다. 또 풍가승은 귀주貴州는 원래 귀덕주貴德州의 오誤로 보았다.[37] 그러나 「본기」에는 덕자德字가 없다. 그리고 『요사기사본말』에는

> 地理志有貴德州無貴州云: 本漢襄平縣爲公孫度所據, 聖宗升爲軍, 後更名. 今據高麗外記改正.[38]

이라 하였다. 그러나 이 귀주는 거란 영내의 귀주가 아니고 강동6주江東六州 중의 귀주龜州이다. 이는 고증의 오류이다. "至貴州南嶺谷"을 이병도는 귀주龜州 남쪽의 산악지대山嶽地帶에 이르러[39]로 해석하였다. 어쩌면 고유명사로 보지 않고 보통명사로 보는 이병도의 소론所論이 맞을 것이다.

"(開泰 3年) 造浮梁于鴨渌江, 城保 · 宣義 · 定遠等州."라는 기사에서 풍가승은 선의宣義는 보주保州의 군명軍名이라 하였고,[40] 이를 뒷받침해 주는 『요사』「지리지」에는

> 保州, 宣義軍, 節度. 高麗置州, 故縣一, 曰來遠. 聖宗以高麗王詢擅立, 問罪不服, 統和末, 高麗降. 開泰三年取其保 · 定二州, 於此置榷場.[41]

35) 『新增東國輿地勝覽』 권53, 義州府條.
36) 『遼史』 권15, 「本紀」 제15, 聖宗6, 統和 29년 정월 乙亥朔條.
37) 馮家昇, 전게서, p. 56 참조.
38) 李有棠, 전게서, p. 58 참조.
39) 李丙燾, 전게서, p. 185 참조.
40) 馮家昇, 전게서, p. 57 및 p. 249 참조.
41) 『遼史』 권38, 「志」 제8, 「地理志」 2, 保州宣義軍條.

이라 하였다. 그러면 '保·宣義·定遠等州'는 마땅히 '保州·定州'라야 할 것이다. 보주는 지금의 의주義州라는 『신증동국여지승람』의 기록과[42] 지금의 안주군安州郡이라는 『독사방여기요讀史方輿紀要』의 기록이[43] 있다. 그러나 의주가 되어야지 안주여서는 안된다. 왜냐하면 『독사방여기요』의 정주성조定州城條의

> 定州城, 在平壤西北三百餘里. 高麗治定東縣, 契丹取之, 仍曰定州, 亦曰保寧軍, 後入於高麗, 今仍爲定州, 西南與義州接界, 義州城在平壤西北四百二十里, 志云西南爲龍川郡, 皆濱鴨淥江.[44]

이라 하였다. 거란의 수중으로 들어간 보·정주定州가 만약 안주와 정주라 가상할 때 안주는 평양平壤서 100여리, 정주는 300여리, 의주는 420리로 기록하고 서남으로 의주와 접계接界한다고 하고 또 압록강가鴨淥江濱에 있다고 하니 모순되는 일이다. 정주에 대해서는 가고可考하기 어려우나 역시 압록강 동안지역東岸地域일 것이다. 압록강도 고려령高麗領에 연한 지역이니 매우 막연한 추정이긴 하지만 평양에서 압록강까지 가는 길이 막혀있지 않았기에 정주·안주가 되어서는 안된다. "開泰 6年, 蕭合卓攻興化鎭不克, 師還. 開泰 7年, 蕭排押與戰于茶·陀二河之間, 我軍不利. 開泰 3年, 資忠復使, 如前索地" 등 매우 많은 문제와 작전作戰이 강동6주에서 일어나거나 이 땅 때문에 생겨났다. 이런 것으로 보아도 정주·안주일 수는 없다. 또 압록강도 『고려사』 및 『고려사절요』에는 모두 '綠'자이고, 『요사』에는 어떤 때에

---

42) 『新增東國輿地勝覽』 권53, 義州牧條. "本高麗龍灣縣. 又名和義. 初契丹置城于鴨綠江東岸稱保州." 및 『高麗史』 권58, 「志」 제12, 「地理」 3, 義州條.

43) 顧祖禹, 『讀史方輿紀要』 권38, 「山東」 9, 「附考外國」, 保州條. "保州城. 在平壤北百餘里. 遼志: 高麗置, 治來遠縣. 契丹開泰3年, 以高麗王詢擅立, 問罪不服, 取其保·定二州, 仍置保州, 治來遠縣. 亦曰宣義軍. 金初以高麗臣附, 割保州與之. 即今安州也."

44) 顧祖禹, 『讀史方輿紀要』 권38, 「山東」 9, 「附考外國」, 定州條.

는 '綠', 어떤 때에는 '淥'자를 썼다. 그러나 중국 사료에는 '淥'자로 쓴 책이 많은 편이다. 위치는 모두 지금의 압록강이다.

"(開泰 6年) 蕭合卓攻興化軍不克, 師還."이라는 기사는 『고려사』와 『고려사절요』에는 흥화진興化鎭이고, 『요사』의 「본기」와 「고려외기」에는 흥화군興化軍이다. 그런데 『요사』「열전」에는 흥화진으로 기록하였다.[45] 흥화진은 고려의 영지領地인데 고려제도에는 '군軍'이라는 것이 없다. 그러므로 응당 '진鎭'이라 해야 할 것이다. 또 흥화진의 위치 비정을 이병도는 지금의 의주 위원면威遠面 원일리元一里 고성古城으로 하였다. 그러나 그의 같은 저서 내의 다른 페이지에서는 의주 동쪽이라고만 한 곳도 있다. 또 같은 책의 강동6주도江東六州圖에서는 보주의 남쪽으로 하였다.[46] 보주가 의주라면 그 동쪽에 정주가 있다고 본다면 흥화진은 지도(이병도, 『韓國史』)와 같이 남쪽이 되어야 할 것이다. 그래야 6주가 고립되지 않고 연결이 된다.

"(開泰 7年) 蕭排押與戰于茶·陀二河之間"이라는 기사에서 『요사』의 자료는 모두 '茶·陀二河'이다. 그러나 『고려사절요』나 『고려사』에서는 다茶·타하陀河에 대하여 전혀 언급이 없다. 그리고 『요사』에는 한 번 다타하전茶陀河戰이 있었던 것처럼 '다타하의 패茶陀河之敗'라고 하지만 『고려사』나 『고려사절요』에는 두 차례의 격전激戰을 치른 것으로 기록되어 있다. 맨 먼저 전쟁은 현종顯宗 9년 12월 성동대천城東大川에서 거란병을 만나 대패시켰다. 『고려사절요』에는 그 상황을

王以平章事姜邯贊爲上元帥, 大將軍姜民瞻副之, 帥兵二十萬八千三

45) 『遼史』 권81, 「列傳」 제11, 「王繼忠傳」 "及遣合卓伐高麗, 繼忠爲行軍副部署, 攻興化鎭, 月餘不下."

46) 李丙燾, 전게서, pp. 179~184 및 李弘稙, 『國史大辭典』, p. 257 참조.

百, 屯寧州, 至興化鎭, 選騎兵一萬二千, 伏山谷中, 又以大繩貫牛皮, 塞城東大川, 以待之. 賊至, 決塞發伏, 大敗之, 遜寧引兵, 直趨京城.[47]

이라 하였다. 대패를 당하고도 군사를 이끌고 개성開城으로 쳐들어온 것으로 되어 있다. 이들이 귀로에는 현종 10년(개태 8년) 2월에 귀주龜州에서 강감찬姜邯贊에게 대패하고 겨우 수천명만 살아 돌아갔다고 한다. 『고려사』에 "丹兵過龜州, 邯贊等激戰, 大敗之. 生還者僅數千人."[48]이라 하였다. '다타하의 패'를 『요사』에는 개태 7년(현종 9년) 12월로 기록하였고, 『고려사절요』의 '성동대천의 패城東大川之敗'도 개태 7년(현종 9년) 12월로 기록하였다. 그러면 바로 두 기록이 일치되는 듯하다. 그러나 「열전」의 소배압전蕭排押傳을 보면

七年, 再伐高麗, 至開京, 敵奔潰, 縱兵俘掠而還, 渡茶·陀二河, 敵夾射, 排押委甲仗走, 坐是免官.[49]

이라 하였다. 그러면 시간적으로 개태 7년은 일치하나 귀로에 협공 당한 것이므로 『고려사』의 귀주대첩龜州大捷이 된다.

『요사』의 기록은 '다타하의 패'만 적어서 이 일전一戰으로 끝이 난 것처럼 보이지만 개경까지 진공하여 왔음이 틀림이 없다. 『고려사』「열전」의

契丹主聞之, 大怒遣使責曰 : 汝輕敵深入以至於此, 何面目見我乎, 朕當皮面然後戮之.[50]

---

47) 『高麗史節要』 卷之3, 顯宗元文大王 9년 12월 戊戌條.
48) 『高麗史』 권4, 「世家」 권제4, 顯宗 10년 2월 己丑朔條.
49) 『遼史』 권88, 「列傳」 제18, 「蕭排押傳」.
50) 『高麗史』 권84, 「列傳」 권제7, 「姜邯贊傳」.

라는 기사를 보아도 알 수 있으며, 개경까지 진공해 온 기사도 『고려사』의 여러 곳에 많이 남아 있다. 대체로 사건내용으로 보아 귀로의 패전이 『요사』의 '다 · 타 2하의 패'요, 『고려사』의 '귀주대첩'이라 하겠다. 그러나 전후를 막론하고 다수茶水와 타수지간陀水之間에서 패한 것이므로 이 모두를 합해서 그렇게 부르는 것이라고도 생각된다.

茶 · 陀河의 위치 비정을 어떻게 해야 하느냐는 문제가 나온다. 『독사방여기요』에 의하면

> 蛇水在平壤西境, 唐龍朔初, 龐孝恭等擊高麗, 以嶺南兵壁於虵水, 爲蓋蘇文所攻, 一軍沒. 或謂之陀水, 宋天禧二年, 契丹伐高麗, 戰於茶陀二水, 敗而還, 志云二水俱在平壤西北.[51)]

이라 하였다. 타수陀水가 곧 사수虵水라면 개소문蓋蘇文의 전승이 살수대첩薩水大捷인데 곧 타수가 살수요, 살수가 곧 청천강이 된다. 그러면 주전지主戰地를 귀주龜州라고 할 때 청천강이북淸川江以北 압록강이남鴨綠江以南 즉 강동6주의 땅江東六州之地이 된다. 그렇다면 지형상으로 보아 다수茶水가 혹 압록강 지류인 삽교천일 가능성이 크다. 그렇다면 2하지간二河之間은 곧 청천강이북 삽교천이남인 귀주지방龜州地方이 될 것이다.

Ⅳ. 사건 및 문자의 오례誤例

"(天贊 3年) 來貢."은 「본기」와 「속국표」에도 없고 『고려사』에도 없다. 다만 「속국표」의 신책神册 3년 2월 · 3월에 조공한 기사가 있는

---

51) 顧祖禹, 『讀史方輿紀要』 권38, 「山東」 9, 「附考外國」 蛇水條.

데[52] 이를 오기誤記했거나 아니면 「본기」의 천찬天贊 4년 10월의 조공기사朝貢記事[53]를 오기했을 가능성이 크다.

"(天顯 2年) 來貢."도 역시 「본기」와 「속국표」에도 없고 『고려사』에도 없는 기사이다. 다만 「본기」의 천현天顯 원년 2월 내공기사來貢記事가 있다. 이를 이기과정移記過程에서 오기했을지도 모른다.

"(統和 12年) 王治遣使請所俘生口, 詔續還之."에서도 '續'은 응당 '贖'이어야 한다.[54] 속환贖還하였다고 하는데 『고려사』에는 걸환乞還만 하였지 속환의 기사는 보이지 않는다.

"(統和 14年) 王治表乞爲婚姻, 以東京留守駙馬蕭恒德女下嫁之."에도 『고려사』에는 허가許嫁라고만 되어 있다.[55] 그리고 그 후의 혼인 내용이 없다. 『요사』의 기록은 하가下嫁시킨 것으로 되어 있으나 여기에는 의문이 생긴다. 「열전」 소항덕조蕭恒德條에 의하면 "統和元年, 尙越國公主, 拜駙馬都尉"[56]라 하였다. 그러면 곧 983년(통화 원년) 공주와 혼인했다면 통화 14년(996)이면 바로 딸을 낳아도 12살이 된다. 거란이 무엇이 급해서 이렇게 어린 딸을 하혼下婚하게 하였겠는가? 하는 의문이 남는다.

"(統和 14年) 遣使來問起居."는 「본기」와 「속국표」에 없고, 『고려사』에도 없다. 취사원取史原이 불분명하다.

"(統和 15年) 遣使致祭, 詔其姪誦權知國事."에도 치제致祭의 기록은 「본기」와 「속국표」에도 없고, 그 뒷 문장만이 「본기」에 나온다.

"(統和 15年) 弔駙馬蕭恒德妻越國公主薨."에도 '薨'이 아니라 '之喪'이라 하여야 한다. 고제古制에 천자天子의 죽음을 붕崩이라하고, 제후

---

52) 『遼史』 권70, 「表」 제8, 「屬國表」, 神册 3년 2월 3일條.
53) 『遼史』 권2, 「本紀」 제2, 「太祖下」 天贊 4년 10월 辛巳條.
54) 羅繼祖, 전게서, p. 511 참조.
55) 『高麗史』 권3, 「世家」 권제3, 成宗 14년條.
56) 『遼史』 권88, 「列傳」 제18, 蕭恒德條.

諸候의 죽음을 홍薨이라 하였다. 공주는 홍이 아니라 '상喪'이라 해야 할 것이다.[57]

"(統和 26年) 賀中京城."이라는 기사에서는 원래 '城'이었으나 풍가승의 『요사초교』[58]와 나계조의 『요사교감기』[59]에 보면, 『요사』「본기」의 "遣使賀中京成"[60]이라는 기사를 들어서 모두 '成'으로 고쳤다. 이는 도리어 잘못을 저질렀다. 고문古文에서는 '成'자는 '城'자와 상통한다.[61]

"(統和 28年) 高麗西京留守康肇弑其主誦." 이 기사도 강조의 관직은 서경유수西京留守가 아니었다. 강조가 입위入衛의 명을 받을 당시의 관직이 『고려사』에는 서경도순검사西京都巡檢使이고,[62] 『고려사절요』에는 서북면순검사西北面巡檢使라 하였다.[63] 유수留守는 아니었다.

"(統和 28年) 守將卓思正殺我使者韓喜孫等十人." 여기에는 '사행使行 10인'을 죽인 것으로 되어 있으나 『고려사절요』에는 '100여 인'으로 되어 있다.[64] 숫자는 맞지 않으나 추단하기 어렵다.

"(開泰 4年) 愼行挈家邊上, 致緩師期, 追還之." 신행愼行에 관한 기사는 그의 아들 「유육부전劉六符傳」 중에 신행의 행적이 나오는데 곧

爲都統, 伐高麗, 以失軍期下吏, 議貴乃免, 出彰武軍節度使.[65]

라 하였다. 그런데 실기失期한 내용이 두 사료에 다르게 기록되어

57) 羅繼祖, 전게서, p. 511.
58) 馮家昇, 전게서, p. 249 참조.
59) 羅繼祖, 전게서, p. 511 참조.
60) 『遼史』 권14, 「本紀」 제14, 「聖宗」 5, 統和 26년 5월 己巳條.
61) 『康熙字典』 p. 157 참조.
62) 『高麗史』 권3, 「世家」 권제3, 穆宗 12년 정월條.
63) 『高麗史節要』 卷之2, 穆宗宣讓大王 정월條.
64) 『高麗史節要』 卷之3, 顯宗元文大王 원년 12월條.
65) 『遼史』 권88, 「列傳」 제16, 「劉六符傳」.

있다. 즉 「본기」와 「고려외기」에는 '挈家邊上'이고, 「열전」에는 '以失軍期下吏'라 하였다.

"(開泰 7年) 詔東平郡王蕭排押爲都統, 蕭虛烈爲副統, 東京留守耶律八哥爲都監, 復伐高麗."에는 소허렬蕭虛烈의 관직이 없다. 이것은 취사과정取史過程에서 허렬虛烈의 관직인 '전전도점검殿前都點檢' 5자가 탈루된 것일 것이다.[66]

"(太平 元年) 詢薨, 遣使來報嗣位, 即遣使册王欽爲王." 이 기사는 완전히 잘못된 기사이다. 전문全文을 삭제하여야 한다. 그 이유는 첫째, 현종 순詢의 훙서薨逝는 이 해(1021, 현종 12년)가 아니고 꼭 9년 뒤인 1031년(현종 22년) 5월 신미辛未이다.[67] 둘째는 원문이 오기인 것이다. 『요사』「본기」에는 한 해 뒤인 태평太平 2년 12월 신축辛丑조에 꼭 같은 내용이 실려 있다.[68] 그러나 「본기」는 「본기」대로 고증없이 잘못 이서移書하였고, 「고려외기」는 「고려외기」대로 잘못 이서하였다. 게다가 「본기」는 태평 2년(1022) 12월에, 「고려외기」는 태평 원년(1021)에 편록編錄하였으니 모두가 잘못된 것이다.[69] 그러니 책흠册欽에 대한 기사도 모두 틀릴 수 밖에 없다.

"(太平 9年) 賜欽物." 사물賜物은 왕이 아닌 자에게도 가능하다. 그러나 「본기」의 기사를 보면 "遣使賜高麗王欽物"[70]로 되어 있다. 그렇다면 확실히 왕흠王欽을 고려왕으로 알고 적은 기사이다. 앞의 태평 원년조에서 왕흠을 고려왕으로 책봉했다는 기사가 이미 잘못되어 왔기 때문에 오류가 계속되고 있다. 이 해는 현종 순이 승하昇遐하기 2년전이며 왕흠은 아직 태자의 신분으로 있을 때다. 따라서 이 문장도

66) 『遼史』 권16, 「本紀」 第16, 「聖宗」6, 開泰 7年 冬10월 丙辰條.
67) 『高麗史』 권5, 「世家」 권제5, 顯宗 22년條.
68) 『遼史』 권16, 「本紀」 제16, 「聖宗」7, 太平 2년 12월 辛丑條.
69) 『新校本遼史』 권115, 「列傳」 제45, 「高麗外記」 註6 참조.
70) 『遼史』 권17, 「本紀」 제17, 「聖宗」8, 太平 9년 2월 戊辰條.

완전 오기이다.

"(重熙 15年) 王欽薨, 遣使來告." 이 해는 문종文宗 즉위년即位年(1046)이다. 이 해에 승하한 왕은 덕종德宗 흠欽이 아니고 정종靖宗 형亨이다. 덕종 흠은 1031년 5월에 즉위하여 1034년 9월에 승하하였으며,[71] 정종 형은 덕종의 모제母弟(현종의 차남)로 1034년 9월에 즉위하여 1046년 5월에 승하하였다.[72]

"(重熙 23年) 王徽請官其子, 詔加檢校太尉." 이 기사는 『요사』「본기」와는 일치된다. 그러나 『고려사』에는 "遣給事中金良贊如契丹, 告立太子."[73]라 하였다. 거란으로부터 왕태자로 책봉받은 것은 『고려사』에는 그 다음 해인 문종文宗 9년(淸寧 원년: 1055) 5월 6일에 거란 이주자사利州刺史 소록蕭祿이 와서 왕태자를 책봉한 것으로 되어 있다.[74] 그래서 1년간의 시차가 나며 관직도 검교태위檢校太尉가 아니고 삼한국공三韓國公으로 되어 있다.

"(大安 元年) 冊勳子運爲國王." 여기에서 훈(勳, 순종順宗)은 문종의 장자이고, 운(運, 선종宣宗)은 문종의 차자(순종 훈의 모제)이다. 그러므로 "子"가 아니고 "弟"이다.

"(壽隆 元年) 王昱病, 命其子顒權知國事." 『고려사』에 의하면 옹顒은 욱昱의 숙부이다. 그리고 옹의 초명初名은 희熙이다.[75] 『고려사』에 의하면 문종 휘徽에게 세 아들이 있는데 훈(순종)이 장자이고, 운(선종)이 차자이며, 옹(숙종肅宗)이 3자이다. 헌종獻宗 욱昱은 선종 운의 원자元子이다. 숙종은 헌종 다음에 사위嗣位하였으니 바로 숙부가 된다.

"(壽隆 5年) 王顒乞封冊." 왕옹은 『고려사』에 의하면 이미 1097년

---

71) 『高麗史』 권5, 「世家」 권제5, 德宗條.

72) 『高麗史』 권6, 「世家」 권제6, 靖宗條.

73) 『高麗史』 권7, 「世家」 권제7, 文宗 8년 夏4월條.

74) 『高麗史』 권7, 「世家」 권제7, 文宗 9년 5월 癸亥條.

75) 『高麗史』 권11, 「世家」 권제11, 肅宗條.

(숙종 2년) 12월 계해癸亥에 봉책하였다.[76] 그리고 다음 해(숙종 3년) 10월 14일에 사신을 보내어 사봉책謝封册까지 하였다.[77] 그런데 이해 10월 1일에 봉책하였다는 기사는 『고려사』에도 없을 뿐 아니라 또 있을 수도 없는 일이니 오기일 것이다.

"(壽隆 6年) 封顒爲三韓國公." 『요사』 「본기」에는 원래 "是歲, 封高麗王顒爲三韓國公."[78]이라 하였다. 그러나 교감시 보완하였었다. 이미 국왕으로 봉한 옹을 다시 삼한국공三韓國公으로 봉했을 리가 없다. 그러므로 『고려사』에 의거하면 '長子俁' 세 자가 오탈誤脫이다.[79] 세 자가 보충되어야 『고려사』와도 일치한다.

"(乾統 8年) 封俁爲三韓國公, 贈其父顒爲國王." 『고려사』에 의거하면 예종睿宗 우俁를 1108년(건통 8년, 예종 3년) 2월 병오丙午에 소량蕭良, 이인흡李仁洽이 와서 수태위겸중서령守太尉兼中書令에 봉했다고 되어 있다.[80] 그리고 숙종 옹은 1097년(숙종 2년)에 고려왕으로 봉하였고, 1100년(숙종 5년)에 예종 우를 삼한국공으로 봉하였다. 이때에 와서 봉책하였다 함은 사리에 맞지 않는다. 다만 가책加册한 것으로 보아야 할 것이다.

V. 연월일年月日의 오례誤例

거란과 고려가 비록 육지로 이어져 있으나 양국의 도성都城과의 거리가 수천리나 상거相距하였으므로 사행使行의 왕래에 수개월이 걸리

76) 『高麗史』 권11, 「世家」 권제11, 肅宗 2년 12월 癸亥條.
77) 『高麗史』 권11, 「世家」 권제11, 肅宗 3년 10월 戊子條.
78) 『遼史』 권26, 「本紀」 제26, 道宗 壽隆 6년條.
79) 『新校本遼史』 권26, 「本紀」 제26, 註7 참조.
80) 『高麗史』 권12, 「世家」 권제12, 睿宗 3년 2월 丙午條.

었다. 그러므로 수개월의 시차는 문제로 다루지 않겠다.

"(神册年間) 高麗遣使進寶劍." 이 기사는 『고려사』에는 없고 다만 『요사』「본기」에 나오나 시간차가 있다. 곧 『요사』「본기」에는 거란 태조 9년(915) 10월의 일로 되어 있으나 「외기外記」에는 신책연간神册年間(916~921)으로 되어 있다. 『요사』「본기」의 연대에 따른다면 915년은 고려건국 이전이다. 고려는 918년 6월 15일 건국하였으므로[81] 이 해는 고려 건국 3년 전이 된다. 때문에 고려일 수는 없다. 다만 태봉泰封이 일찍이 고려라 칭한 일이 있으므로[82] 태봉일 것으로 보인다.

"(統和 10年) 以東京留守蕭恒德伐高麗." 이 기사에 대하여 『요사』「본기」에는 12월로 되어 있고, 『고려사』에는 그 다음 해인 통화 11년(993) 윤10월에 침입해 왔다가 고려의 청화請和를 받아들여 파병罷兵한 것으로 되어 있다. 약 10개월의 시차가 난다. 그리고 이를 보충해 주는 기사가 통화 11년(993) 정월조에

> 高麗王治遣朴良柔奉表請罪, 詔取女直鴨綠江東數百里地賜之.[83]

라는 기사도 993(통화 11년) 정월에 전후 처리까지 모두 끝난 것으로 되어 있다. 상고詳考키 어려운 문제이다.

"(統和 12年) 王治遣使請所俘生口詔贖還之, 仍遣使撫諭." 이 기사는 통화 12년 3월 정사丁巳의 기사이다. 그런데 『고려사』에서는 4월에 사행을 보낸 것으로 되어 있다. 응당 『고려사』의 기록이 빨라야 되는 것이다.

---

81) 『高麗史』 권1, 「世家」 권제1, 太祖 天授 원년條.
82) 『三國遺事』「王曆」 제1, 後高麗條.
83) 『遼史』 권13, 「本紀」 제13, 「聖宗」 4, 統和 11년 정월 丙午條.

“(統和 13年) 治遣李周楨來貢.” 『요사』와 『고려사』의 기록이 모두 같은 해 2월이다. 곧 『요사』는 2월 갑진甲辰(28일)에 내공來貢으로 되어 있고, 『고려사』는 ‘是月’이라고 되어 있으니 불과 20여 일에 거란에 들어가 진공進貢한 셈이다. 믿기 어렵다.

“(統和 20年) 來貢本國地里圖.” 『요사』「본기」와 「외기」에는 7월로 「속국표」에는 6월로 되어 있다. 「속국표」가 오기일 것이다.

“(統和 28年) 詢棄城遁去.” 현종 순이 개성을 떠나 남행한 것은 『고려사』에는 12월 임신壬申(28일)로 되어 있고[84] 『고려사절요』에는 12월 신미辛未(27일) “是夜, 王與王妃及吏部侍郎蔡忠順等禁軍五十餘人出京城.”[85]으로 되어 있다. 그러나 『요사』「본기」에는 11월 경자庚子(25일)로 되어 있다. 그러나 이 사건은 고려의 도성에서 양국군이 교병交兵한 것이니 시차가 있을 수 없다. 양국 사서에 1개월의 시차가 난다. 역사의 현장에서 바로 기록되었을 고려의 기록을 따르는 것이 옳을 것이다.

“(統和 28年) 遂焚開京, 至淸江而還.” 이 기사는 『고려사』에는 현종 2년(통화 29년: 1011) 정월 을해삭乙亥朔(1일) “契丹主入京城焚燒大廟, 宮厥·民屋皆燼.”[86]이라 하였고, 『요사』에는 통화 28년(현종 원년: 1010) 11월 경자庚子(25일)에 “遂焚開京”[87]이라 하였다. 역시 동일지역 동일사건 기록이 1개월 차이가 난다. 마땅히 『고려사』에 의거하여 통화 29년 정월로 정정訂正해야 할 것이다.

“(統和 29年) 班師.” 반사일班師日이 『요사』에는 통화 29년(1011) 정월 기해삭己亥朔(1일)이고, 『고려사』에는 정월 을유乙酉(11일)이며,

---

84) 『高麗史』 권4, 「世家」 권제4, 顯宗 원년 11월 壬申으로 되어 있다. 그러나 간지로 보아 11월 壬申은 없다. 그 해 11월은 丙子朔이다. 마땅히 12월 壬申이어야 한다.
85) 『高麗史節要』 卷之3, 顯宗元文大王 원년 12월 辛未朔條.
86) 『高麗史』 권4, 「世家」 권제4, 顯宗 2년 정월 乙亥朔條.
87) 『遼史』 권15, 「本紀」 제15, 「聖宗」 6, 統和 28년 11월 庚子條.

『고려사절요』에는 정월 정축丁丑(3일)에 반사班師할 것을 허락하고 을유乙酉(11일)에 퇴병退兵한 것으로 되어 있다. 고려 측의 두 사료에 따라 정월 을유로 하여야 한다.

"(開泰 元年) 八月, 遣田拱之奉表, 稱病不能朝, 詔復取六州之地." 「본기」에도 8월로 되어 있다. 그러나 『고려사』에는 6월이다. 응당 전공지田拱之의 파견은 6월이고, 거란에 가서 조문詔文을 받아 온 것이 8월이어야 한다. 분리해서 보아야 할 것이다. 이것은 『고려사』의 오기일 것이다.

"(開泰 2年) 耶律資忠使高麗取地." 『요사』「본기」에는 6월에 고려에 파견한 것으로 되어 있고 『고려사』나 『고려사절요』에는 3월에 온 것으로 되어 있다. 응당 『요사』 기록이 더 빨라야 하겠다.

"(開泰 3年) 資忠復使, 如前索地." 『요사』「본기」에는 2월로 되어 있으나 『고려사』에는 한 해 앞인 개태 2년 7월에 고려에 온 것으로 되어 있으니 응당 『요사』 기록이 더 빨라야 할 것이다.

"(開泰 7年) 蕭排押與戰于茶 · 陀二河之間, 我軍不利." 『요사』「본기」와 「고려외기」에는 그 해 12월로 되어 있으나 『고려사』와 『고려사절요』에는 귀주지첩龜州之捷이 다음 해인 개태 8년 2월 1일로 되어 있다.

"(太平 元年) 詢薨. 遣使來報嗣位, 即遣使册王欽爲王." 이 기사는 앞의 사건의 위오違誤에서 다루었으므로 여기서는 생략한다. 완전히 오입誤入된 기사다.

"(太平 9年) 賜王欽物." 역시 앞의 사건의 위오에서 다루었으므로 생략한다. 완전히 오입된 기사이다.

"(重熙 14年) 三月, 又來貢." 『요사』「본기」와 「속국표」는 4월이다. 「본기」에는 원래 "4월" 두 자가 결缺하였다. 그러나 『신교본요사』「교감기」에 의하면 윤삭閏朔을 고증하면 3월 정사삭丁巳朔이고 신해辛亥가 없다. 4월 정해삭丁亥朔에는 신해가 25일이 된다. 「속국표」를 보면 4월로 되어 있으므로 이에 근거하여 '4월' 두 자를 보완한다.[88] 고 하였다. 그러나 「고려외기」에는 3월로 되어 있다. 실은 「속국표」에 4월이고 또 윤삭표閏朔表에도 합치되므로 4월로 해야 할 것이다.

"(重熙 23年) 四月, 王徽請官其子, 詔加檢校太尉." 『요사』「본기」에는 동년 6월 임인壬寅으로 되어 있다. 그리고 『고려사』에는 다음 해인 청녕 원년 5월 계해癸亥(6일)이다. 『고려사절요』에는 청녕 원년 5월로만 되어 있다. 「본기」와도 2개월의 시차가 있고 『고려사』와 『고려사절요』와는 1년의 시차가 있다.

"(淸寧 元年) 八月, 遣使報國哀, 以先帝留物賜之." 『요사』「본기」에는 청녕 원년 9월 임오壬午로 되어 있다. 1개월의 시차가 난다. 그러나 『요사』「본기」에 의하면 보애報哀는 8월이고 사유물賜遺物은 9월이다. 그런데 「외기」에서 한 문장에 다루다 보니 뒷 기사의 일자를 적은 때문이다.

"(大安 元年) 册勳子運爲國王." 『요사』「본기」에 의하면 대안大安 원년 11월 병진丙辰(26일)이다. 그러나 『고려사』에는 대안 원년 11월 계축癸丑(23일)이다. 응당 『요사』 기록이 빨라야 할 것이다.

"(大安 2年) 遣使來謝封册." 『고려사』에는 사행 파견使行派遣을 동년 5월 6일에 하였다. 그러나 『요사』「본기」에는 11월에 도착한 것으로 되어 있으니 약 6개월이 걸린 셈이다. 어느 한 쪽이 오기일 것이다.

"(大安 3年) 來貢." 『고려사』에서는 동년 11월 21일에 '如遼獻方物'이라 하였는데 『요사』에는 그 해 3월에 '來貢'이라 하였다. 고려 기록이 마땅히 빨라야 할 것이다. 같은 해 2차 진공進貢인지는 몰라도 그런 예는 별로 없었다. 이때 즈음 와서 고려가 1년 2공二貢할 필요가 없었던 때이다.

---

88) 『遼史』 권19, 「本紀」 제19, 「興宗」 2, 校勘記 註10 참조.

Ⅵ. 맺는 말

대체적으로 원사료 자체에 오탈이 많았던 것으로 보인다. 이는 작은 인원이 단시일에 완결지었기 때문에 이런 결과가 나온 것 같다. 더구나 『요사』 자체 내에도 「본기」·「속국표」·「외기」의 내용이 다르며, 「고려외기」는 『고려사』와 밀접한 관계가 있음에도 불구하고, 매우 많은 부분이 서로 같지 않다. 크게 보아서 아래의 몇 가지가 문제점으로 떠올라서 바로 잡거나 문제로 제기하였다.

첫째, 아마도 『요사』의 「본기」·「속국표」·「고려외기」는 각각 다른 사람이 동일 사료에서 취사取史하고 호교互校치 않고 찬수纂修한 듯하다. 예컨대 같은 『요사』 내에도 인명·지명·기사내용·연월 등이 같지 않은 부분이 많다.

둘째, 양국의 중요사건이 사행의 왕래인데 거란사契丹使의 임무는 주로 책봉·색지索地·문죄問罪·내고來告·보애報哀·문상·하생신賀生辰 등이었고, 고려사高麗使의 임무는 진공進貢·회장會葬·하생신·하전승賀勝戰·고사왕告嗣王·고입태자告立太子·사은謝恩 등인데 기준없이 취사取捨되었다. 이는 부록인 『요사』「고려외기」와 제 사료와의 대조표에 자상히 밝혀져 있다.

셋째, 각자가 자국의 유리한 기사만을 취하였고, 불리한 기사는 버리거나 호도糊塗해 버리는 듯한 경우가 많았다. 『요사』에서 예를 들면 거란과 고려가 초기 교섭 때는 평등·대등외교였다. 그래서 거란이 교빙하여 왔으나 오히려 거절당한다. 이런 기사나 고려왕의 생신축하사生辰祝賀使를 수 없이 보내왔으나 송나라에 파견한 것은 기록하고 고려에 파견한 것은 취사取史하지 않았다. 반대로 고려에서 거란에 진공한 것은 『고려사』에는 몇 차례 되지 않는다. 그런데 『요사』「본기」에도 없는 사원 불명史原不明의 진공 기사를 적고 있다. 『고려사』에는 거란에 진공한 기사가 통화 연간 수차의 승전 후에는 거의 찾을 수 없으며 거란의 하생신·내제來祭·횡선橫宣·회례回禮 등이 많아졌다.

넷째, 인명·지명 등이 부정확한 지식을 가지고 있었던 듯하다. 그래서 인명의 경우 어떤 부분에는 이름을 적고 어떤 때에는 자字를 적어서 입전立傳된 자는 고증할 수 있지만 실전失傳된 자는 불가능하다. 지명도 각기 적어서 호교하기 어려운 점이 많다.

다섯째, 연월일은 사행의 왕복기간이 있어서 상고키 어려우나 어떤 때는 수개월, 어떤 때는 무려 1년의 차이가 나는 기사가 많다.

여섯째, 『요사』 전반에서 고려왕계高麗王系를 혼동하여 착각을 일으킨 곳이 많다.

이상의 여러 문제는 바로 『요사』의 간오簡誤를 증명하는 것이라 하겠다.

『요사遼史』「고려외기高麗外記」와 제 사료와의 대조표

연대	『고려사』	『요사』		
		「본기」	「속국표」	「고려외기」
915 (太祖9년, 泰封政開2년)		高麗遣使進寶劍(10월)		
916~921 (神冊년간)				高麗遣使進寶劍.89)
918 (神冊3년, 天授원년)		高麗等國各遣使來 貢(2월)	高麗等各遣使來貢(2월) 高麗及西北諸蕃皆遣使來貢(3월)	
922 (天贊원년, 天授5년)	契丹來遣槖駝馬及氈(2월)			
924 (天贊3년, 天授7년)				來貢.90)
925 (天贊4년, 天授8년)		高麗國來貢(10월)		
926 (天顯원년, 天授9년)		高麗等國來貢(2월)		
927 (天顯2년, 天授10년)				來貢.91)
937 (天顯12년, 天授20년)		遣使高麗鐵驪(9월)		
939 (會同2년, 天授22년)		以受晉册, 遣使報高麗(정월)		受晉上尊號册, 遣使往報.92)
942 (會同5년, 天授25년)	契丹遣使來, 遺槖駝五十匹. 王以契丹嘗與渤海連和, 忽生疑貳, 背盟殄滅, 此甚無道, 不足遠結爲鄰, 遂絕交聘. 流其使三十人于海島, 繫槖駝萬夫橋下, 皆餓死.			

연대	『고려사』	『요사』		
		「본기」	「속국표」	「고려외기」
983 (統和원년, 成宗2년)		上將征高麗, 親閱東京留守耶律末只所總兵馬.(10월)		
985 (統和3년, 成宗4년)		詔諸道繕甲兵, 以備東征高麗.(7월) 以遼澤沮洳, 罷征高麗.(8월)		詔諸道各完戎器, 以備東征高麗.93) 以遼澤沮洳, 罷師.94)
986 (統和4년, 成宗5년)	契丹遣厥烈來請和.			
992 (統和10년, 成宗11년)		是月, 以東京留守蕭恒德等伐高麗.(12월)		以東京留守蕭恒德伐高麗.95)
993 (統和11년, 成宗12년)	以侍中朴良柔爲上軍使, 內史侍郎徐熙爲中軍使, 門下侍郎崔亮爲下軍使, 軍于北界, 以禦契丹.(10월) 幸西京, 進次安北府. 聞契丹蕭遜寧攻破蓬山郡, 不得進乃還. 遣徐熙請和, 遜寧罷兵.(윤10월)	高麗王治遣朴良柔奉表請罪, 詔取女直鴨淥江東數百里地賜之.(정월)		王治遣朴良柔奉表請罪, 詔取女直國鴨淥江東數百里地賜之.96)
994 (統和12년, 成宗13년)	蕭遜寧致書於高麗. 始行契丹統和年號.(2월) 是月, 遣侍中朴良柔奉表如契丹, 告行正朔, 乞還俘口.(4월) 是歲, 契丹遣崇祿卿蕭述管, 御史大夫李涴等賷詔來撫諭. 遣使契丹進妓樂, 却之.	高麗來貢.(2월) 高麗遣使請所俘人畜詔贖還.(3월) 遣使撫諭高麗.(3월) 高麗進妓樂, 却之.(12월)	高麗來貢(2월) 高麗遣使請所俘生口, 詔贖還之.(3월)	入貢.97) 王治遣使請所俘生口, 詔續還之, 仍遣使撫諭.98)(3월) 王治進妓樂, 詔却之.99)(12월)

89) 고려가 918년 6月 15日 건국하였으므로 이 기사는 泰封일 것이다. 「본기」에는 太祖 9년 10월로 되어 있다(『新校本遼史』 校勘記).
90) 『고려사』, 『요사』 「본기」 및 「속국표」에 없는 기사이다. 取史原 불명이다.
91) 『고려사』, 『요사』 「본기」 및 「속국표」에 없는 기사이다. 取史原 불명의 기사이다.
92) 『요사』 「본기」에 나오나 『고려사』에는 나오지 않는다.
93) 『요사』 「본기」와 같다.
94) 역시 『요사』 「본기」와 같다.
95) 『요사』 「본기」와 같다. 그러나 실제 交兵한 것은 그 다음 해이다.
96) 『요사』 「본기」와 같다. 고려가 朴良柔를 보낸 것은 다음 해 4월이다. 그러나 鴨

연대	『고려사』	『요사』		
		「본기」	「속국표」	「고려외기」
995 (統和13년, 成宗14년)	是月, 遣李周禎如契丹獻方物, 又進鷹.(2월) 是歲, 遣李知白如契丹獻方物. 遣童子十人於契丹習其語. 遣左承宣趙之遴如契丹請婚. 以東京留守駙馬蕭恒德女許嫁.	高麗遣李周禎來貢.(2월) 高麗進鷹.(5월) 高麗遣李知白來貢.(10월) 遣使册王治爲高麗國王.(11월) 高麗遣童子十人來學本國語.(11월)	高麗進鷹(5월) 高麗遣童子十人來學本國語.(11월)	治遣李周楨來貢, 又進鷹.[100] 遣李知白奉貢.[101] (10월) 遣使册治爲王.[102](11월) 遣童子十人來學本國語.[103](11월)
996 (統和14년, 成宗15년)	契丹遣翰林學士張幹忠, 正軍節度使蕭熟葛來册王, 爲開府儀同三司尙書令高麗國王.(3월) 遣韓彦卿如契丹納幣.(3월)	高麗王治表乞爲婚, 許以東京留守、駙馬蕭恒德女嫁之.(3월) 高麗復遣童子十人來學本國語.(3월)		王治表乞爲婚姻, 以東京留守駙馬蕭恒德女下嫁之.[104] 遣使來問起居. 自是, 至者無時.[105](6월)
997 (統和15년, 穆宗즉위년)	遣閤門使王同穎如契丹告嗣位(11월) 是月, 契丹遣千牛衛大將軍耶律迪烈來賀千秋節. 王迎命告于成宗柩前.(12月)	高麗遣韓彦敬奉幣弔越國公主之喪.(7월) 是月, 高麗王治薨, 姪誦遣王同穎來告(11월) 遣使祭高麗王治, 詔其姪權知國事.(12월)		韓彦敬來納聘幣, 弔駙馬蕭恒德妻越國公主薨.[106] 治薨, 其姪誦遣王同穎來告.[107] (11월) 遣使致祭, 詔其姪誦權知國事.[108](12월)

江以東地를 讓한 것은 이 해 윤10月이다.

97) 『요사』「본기」와 같으나 『고려사』에는 없다.

98) 『고려사』에는 朴良柔를 파견한 기록이다. 다만 俘口의 還國을 요구한 것만 보이는데 『요사』에는 응답한 것으로 되어 있다. '續'은 '贖'의 오기이다(『新校本遼史』 校勘記 참조).

99) 『고려사』와 일치한다.

100) 『고려사』에는 李周禎이 2월에 가서 方物도 바치고 鷹도 바친 것으로 되어 있으나 다만 「본기」에는 2월과 5월에 각각 바친 것으로 되어 있다. 周禎도 『요사』에는 모두 '楨'이다. 그리고 『고려사』와 『요사』에 시차 없이 각각 동년 2월인데 마땅히 『고려사』의 기록이 빨라야 할 것이다(馮家昇, 『遼史初校』 참조).

101) 『고려사』와 일치한다.

102) 『요사』「본기」와 같으나 『고려사』에는 다음해 3월로 되어 있다.

103) 『고려사』와 같은 시간에 적혀 있다. 『요사』에는 册王記事 다음에 적혀 있으나

연대	『고려사』	『요사』		
		「본기」	「속국표」	「고려외기」
998 (統和16년, 穆宗원년)	是月, 契丹以前王薨, 勅還納幣之物.(4월)	遣使册高麗國王誦.(11월)		遣使册誦爲王.[109]
999 (統和17년, 穆宗2년)	契丹遣右常侍劉績來, 加册王尙書令(10월)			
1002 (統和20년, 穆宗5년)		高麗遣使賀伐宋捷.(2월) 高麗遣使來貢本國地里圖(7월)	高麗遣使來進本國地里圖(6월)	誦遣使賀伐宋之捷.[110] 來貢本國地里圖.[111](7월)
1004 (統和22년, 穆宗7년)		以南伐諭高麗.(9월)		以南伐事詔諭之.[112]
1005 (統和23년, 穆宗8년)		高麗以與宋和, 遣使來賀.(5월)		高麗聞與宋和, 遣使來賀.[113]
1007 (統和25년, 穆宗10년)	契丹遣耶律延貴來, 加册王爲守義保邦推誠奉聖功臣, 開府儀同三司守尙書令兼政事令上柱國, 食邑七千戶, 食實封七百戶. (2월)			
1008 (統和26년, 穆宗11년)		高麗進龍鬚草席.(5월)	高麗進文化, 武功兩殿龍鬚草地席.(5월)	進龍鬚草席, 及賀中京城.[114]
1009 (統和27년, 顯宗즉위년)	是月, 遣司農卿王日卿如契丹, 告哀稱嗣.(2월) 遣借工部侍郎李有恒如契丹, 賀太后生辰.(4월)	遣使報哀于宋、夏、高麗.(12월)		承天皇太后崩, 遣使報以國哀.[115]

『고려사』에는 한 해 앞에 적혀 있다.

104) 『고려사』와 내용은 일치하나 시간적으로는 몇 개월의 차이가 있다. 이것은 通往時間으로 보아진다.

105) 『고려사』, 『요사』「본기」 및 「속국표」에는 그런 기사가 없다.

106) 『고려사』에도 韓彥敬을 보낸 기록이 있으나 越國公主를 弔喪한 기록은 없다. 彥敬도 『고려사』에는 '卿'이다. 또 '薨'도 '之喪'이라야 옳을 것이다(馮家昇, 『遼史初校』 참조).

107) 王同穎이 거란에 도착한 시간은 『고려사』와 『요사』「본기」 및 「고려외기」가 모두 11월이다. 응당 『고려사』의 시간이 빨라야 할 것이다.

108) 『고려사』에는 이 기사가 없다. 원래는 '誦'이 아니고 '記'였다. 校勘하여 고쳐진 것이다.

연대	『고려사』	『요사』		
		「본기」	「속국표」	「고려외기」
1010 (統和28년, 顯宗원년)	流尙書左司郎中河拱辰, 和州防禦郎中柳宗于遠島. 拱辰嘗擊東女眞見敗, 宗恨之, 會女眞九十五人來朝, 至和州館, 宗盡殺之, 故並坐流. 女眞訴于契丹. 契丹主謂群臣曰: 高麗康兆弑君, 大逆也. 宜發兵問罪.(5월) 契丹遣給事中梁炳、大將軍耶律允來, 問前王之故. (7월) 遣內史侍郎平章事陳頔, 直中臺尙書右丞尹餘如契丹.(8월) 遣左司員外郎金延保如契丹, 秋季問候. 左司郎中王佐暹, 將作丞白日升如契丹東京修好.(9月) 以參知政事康兆爲行營都統使, 檢校尙書右僕射上將軍安紹光爲行營都兵馬使, 少府監崔賢敏爲左軍兵馬使, 刑部侍郎李昉爲右軍兵馬使, 禮賓卿朴忠淑爲中軍兵馬使, 刑部尙書崔士威爲統軍使, 率兵三十萬, 軍于通州, 以備契丹. 契丹遣給事中高正, 閤門引進使韓杞來告興師. 參知政事李禮均,	高麗遣魏守愚等來祭.(2월) 是月, 宋、高麗遣使來會葬.(3月) 高麗西京留守康肇弑其主誦, 擅立誦從兄詢, 詔諸道繕甲兵, 以備東征.(5월) 自將伐高麗, 遣使報宋.(8월) 遣樞密直學士高正、引進使韓杞宣問高麗王詢.(9월) 女直進良馬萬匹, 乞從征高麗, 許之. 王詢遣使奉表乞罷師, 不許. (10월) 大軍渡鴨淥江, 康肇拒戰, 敗之, 退保銅州. 肇復出, 右皮室詳穩耶律敵魯擒肇及副將李立, 追殺數十里, 獲所棄糧餉、鎧仗. 銅、霍、貴、寧等州皆降. 排押至奴古達嶺, 遇敵兵, 戰敗之. 王詢遣使上表請朝, 許之. 禁軍士俘掠. 以政事舍人馬保佑爲開京留守, 安州團練使王八爲		誦遣魏守愚等來祭. 使來會葬.116) (3월) 高麗西京留守康肇弑其主誦, 擅立誦從兄詢.117)(5월) 聖宗自將伐高麗, 報宋.118) 遣引進使韓杞宣問詢.119) 詢奉表乞罷師, 不許.120)(8월) 大軍渡鴨淥江, 康肇拒戰于銅州, 敗之.121) 肇復出, 右皮室詳穩耶律敵魯擒肇等, 追奔數十里, 獲所棄糧餉、鎧仗, 銅、霍、貴、寧等州皆降.122) 詢上表請朝, 許之. 禁軍士俘掠. 以政事舍人馬保祐爲開京留守, 安州團練使王八爲副留守. 太子太師乙凛將騎兵一千, 送保祐等赴京.123) 守將卓思正殺我使者韓喜孫等十人,124) 領兵出拒, 保祐等復還. 乙凛領兵擊之, 思正遂奔西京.125) 圍之五日, 不克,

109) 『요사』「본기」와 같으나 『고려사』에는 그 다음 해 10월로 加冊한 기사가 있다.
110) 『요사』「본기」와 같으나 『고려사』에는 없다.
111) 『요사』「본기」와 같으나 『고려사』에는 없다.
112) 『요사』「본기」와 같으나 『고려사』에는 없다.
113) 『요사』「본기」와 같으나 『고려사』에는 없다.
114) 이 기사는 『고려사』에는 없다. '城' 자는 '成' 자와 통한다. 원본에는 '城'이었다. 풍가승이 『요사』 初校 시에 '成'으로 고쳤다.
115) 『요사』「본기」와 대략 같다. 그러나 『고려사』에는 없다.
116) 『요사』「본기」와 같다. 그러나 『고려사』에는 없다.

<table>
<tr><th rowspan="2">연대</th><th rowspan="2">『고려사』</th><th colspan="3">『요사』</th></tr>
<tr><th>「본기」</th><th>「속국표」</th><th>「고려외기」</th></tr>
<tr><td>1010
(統和28년,
顯宗원년)</td><td>右僕射王同穎如契丹請和.(10월)
遣起居郞姜周載如契丹, 賀冬至. 契丹主遣將軍蕭凝來告親征. 契丹主自將步騎四十萬渡鴨淥江, 圍興化鎭, 楊規、李守和等固守不降. 康兆與契丹戰于通州, 敗績就擒.(11월)
丹兵陷郭州. 丹兵至淸水江, 安北都護府使工部侍郞朴暹棄城遁, 州民皆潰. 丹兵至西京, 焚中興寺塔. 陷肅州, 契丹主攻西京, 不拔. 解圍以東. 西京神祠旋風忽起, 契丹軍馬皆潰. 夜, 王與王妃避丹兵南幸. 次楊州. 遣河拱辰及戶部員外郞高英起奉表往丹營請和.(12월)</td><td>副留守. 遣太子太師乙凜將騎兵一千, 送保佑等赴京. 守將卓思正殺遼使者韓喜孫等十人, 領兵出拒, 保佑等還. 遣乙凜領兵擊之, 思正遂奔西京. 圍之五日不克, 駐蹕城西. 高麗禮部郞中渤海陀失來降. 遣排押. 盆奴等攻開城, 遇高麗兵, 敗之. 王詢棄城遁去, 遂焚開京, 至淸江, 還.(11월)</td><td></td><td>駐蹕于城西佛寺,[126] 高麗禮部郞中渤海陀失來降.[127]
遣排押, 盆奴攻開京, 遇敵于京西, 敗之.[128]
詢棄城遁去,[129]
遂焚開京,[130]
至淸江而還.[131]
(11월)</td></tr>
</table>

117) 내용은『고려사』,『요사』「본기」등에 나오나 康兆가『요사』에는 '肇'로, 그의 직인 西京都巡檢使가 西京留守로 되어 있다.

118)『요사』「본기」와 같다.

119)『고려사』,『요사』「본기」등 기사가 일치한다.

120)『고려사』에 '請和'로 되어 있다.

121) 鴨淥江은 遼代에는 대체로 '淥' 자를 썼으나 혹 '綠' 자도 썼다. 銅州는『고려사』에는 "通州"이다.

122)『요사』「본기」와 같다. 대체로『고려사』와 일치한다. 그러나『고려사절요』에는 "契丹先鋒耶律盆奴率詳穩耶律敵魯"로 되어 있다. 그리고 通州는 閉門固守요 郭州 陷落된 것으로 나오지 '降'은 아니다. 또 銅州는 '通州'요, 霍은 '郭州'요, 貴는 '龜州'며 寧州는 未詳이다.

123)『요사』「본기」統和 28년 11월 辛卯(16) 기사인데『고려사절요』에는 통화 28년 12월 甲寅(9) "上表請朝, 契丹主, 許之, 遂禁俘掠"으로 되어 있다.

124) "使者韓喜孫等"에서 韓喜孫은『고려사절요』에는 "丹主, 又使韓杞以突騎二百, 至西京城北門……思政聞杞語, 謀諸蔡文, 使麾下鄭仁等, 將驍騎突出, 擊斬杞等百餘人, 餘悉擒之, 無一人還者"이라 하였다. 杞는 그 해 10월에도 使者로 온 바가 있다. 그러므로 '又'라 했을 것이다. 그러면 喜孫은 杞일 가능성이 크다. 혹 字일 것이다. 그 해 韓姓 使者는 杞 뿐이다. 卓思正의 正은『절요』에는 '政'이다.

125)『고려사절요』에는 반대로 "思政, 以蔡文爲先鋒, 出與乙凜戰, 乙凜保佑敗走, 於是城中人心稍安, 思正還入城"이라 하였다.

연대	『고려사』	『요사』		
		「본기」	「속국표」	「고려외기」
1011 (統和29년, 顯宗2년)	契丹主入京城, 焚燒大廟、宮厥, 民屋皆盡.(정월 1일) 丹兵退.(정월 11일) 楊規、金叔興與契丹戰死.(정월 29일) 契丹主渡鴨淥江引去.(정월 30일) 遣工部郞中王瞻如契丹, 謝班師, 先是, 王欲遣使契丹, 命太史筮之, 得乾之蠱, 奏曰: 乾爲君爲父, 乾健則無所不通, 九五曰飛龍在天, 利見大人. 蠱之爲卦, 尊者在上, 卑者在下, 此亦以下事上之象, 吉.(4월) 遣戶部侍郞崔元信如契丹(8월) 遣都官郞中金崇義如契丹, 賀冬至.(10월) 遣刑部侍郞金殷傅如契丹, 賀生辰.(11월) 是月, 契丹殺河拱辰.(12월)	班師, 所降諸城復叛. 至貴州南峻嶺谷, 大雨連日, 馬駝皆疲, 甲仗多遺棄, 霽乃得渡.(乙亥朔) 次鴨淥江.(己丑) 皇后及皇弟楚國王隆祐迎于來遠城.(庚寅) 詔罷諸軍.(壬辰) 所俘高麗人分置諸陵廟, 餘賜內戚、大臣(2월)		班師,[132] 所降諸城復叛. 至貴州南嶺谷, [133] 大雨連日, 霽乃得渡, 馬駝皆疲乏, 甲仗多遺棄.[134] 次鴨淥江,[135] 以所俘人分置諸陵廟, 餘賜內戚、大臣.[136](1월)

126) 『고려사절요』에는 12월 丁巳條에 나온다.

127) 『고려사절요』에 "(大)道秀, 出大東門, 如知見紿, 又力不可敵, 遂率所部, 降于契丹"이라 하였다. 大道秀는 관직이 將軍이었다.

128) 『요사』「본기」와 동일하다. 그러나 『고려사절요』의 내용에는 將軍名이 없다. 그리고 「본기」에는 馬保祐가 '佑'로 되어 있다(「校勘記」 참조).

129) 顯宗(詢)이 開城을 떠나 남행을 한 것은 『고려사』에 12월 壬申(28)로 되어 있고 『고려사절요』에는 12월 辛未(27) "是夜, 王與王妃及吏部侍郎蔡忠順等禁軍五十餘人出京城."으로 되어 있다. 그러나 『요사』「본기」에는 11월 庚子(25)로 되어 있다. 『요사』와는 1개월의 차가 난다.

130) 『고려사』에서는 顯宗 2년(1011) 정월 乙亥朔(1) "契丹主入京城焚燒大廟 · 宮闕, 民屋皆盡."이라 하였고 『요사』에는 顯宗 원년(統和28년) 11월 庚子(25)에 '遂焚開京'이라 하였다. 역시 1개월 차가 난다. 統和 29년 정월로 고쳐야 할 것이다.

131) 『東國輿地勝覽』 제53권 宣川郡條에 의하면 淸江은 郡北쪽 40리에 있다. 水源이 둘인데 하나는 香山峴에서, 하나는 菩提山에서 나와서 軍營에 이르러 합쳐서 北流하여 鐵山郡地境 20리까지 가서 바다로 들어간다고 하였다. 그러나 이것은 너무 작은 강이라서 史書에 기재가 어려웠을 것으로 보이며 아마 淸川江을 줄여서 川이나 江이나 類似하니까 淸江으로 했지 않았을까 한다. 그러나 鴨綠江을 일명 靑河라 부르기도 하였다(『勝覽』 권53 義州府條). 그러나 여기서는 開城을 불 놓고 더 南進하다가 淸江에 이르러 회군한 것으로 해석된다. 그러면 淸江은 臨津江이여야 한다.

132) 班師ㅁ이 『요사』에는 統和 29년 정월 乙亥朔(1)이고 『고려사』는 정월 乙酉(11)

연대	『고려사』	『요사』		
		「본기」	「속국표」	「고려외기」
1012 (開泰원년, 顯宗3년)	契丹詔王親朝(4월) 遣刑部侍郎田拱之如契丹, 夏季問候, 且告王病不能親朝. 丹主怒, 詔取興化、通州、龍州、鐵州、郭州、龜州等六城.(6월) 遣西頭供奉官文儒領如契丹來遠城.(9월) 遣工部尙書參知政事張瑩, 禮部侍郎劉徵弼如契丹.(윤10월) 契丹使大尉韓邠來.(윤10월) 張瑩與契丹引進使李延弘來.(12월)	高麗遣蔡忠順來, 乞稱臣如舊, 詔王詢親朝.(4월) 高麗王詢遣田拱之奉表, 稱病不能朝, 詔復取六州地.(8월)		詢遣蔡忠順來乞稱臣如舊, 詔詢親朝.[137] 遣田拱之奉表, 稱病不能朝. 詔復取六州之地.[138](8월)
1013 (開泰2년, 顯宗4년)	遣禮賓少卿張洎如契丹.(정월) 遣中樞院使蔡忠順如契丹.(2월) 契丹使左監門衛大將軍耶律行平來, 責取興化等六城.(3월) 契丹來告改統和爲開泰.(5월) 遣借尙書右丞金作賓如契丹, 賀改元.(6월) 契丹使耶律行平復來索六城.(7월)	遣中丞耶律資忠使高麗, 取六州舊地.(6월) 耶律資忠使高麗還.(8월) 詳穩張馬留獻女直人知高麗事者. 上問之. 曰:「臣三年前爲高麗所虜, 爲郎官, 故知之. 自開京東馬行七日, 有大砦, 廣如開京, 旁州所貢珍異, 皆積于此. 勝、羅等州之南, 亦有二大砦, 所積如之. 若大軍行由前路, 取曷蘇館女直北, 直渡鴨淥江, 並大河而上, 至郭州與大路會, 高麗可取而有也.」上納之.(10월)		耶律資忠使高麗取地, 未幾還.[139]

이고 『고려사절요』에는 정월 丁丑(3)에 班師를 허락한 것으로 되어 있다. 그리고 乙酉(11)에 退兵한 것으로 되어 있다.

133) 貴州는 『고려사절요』의 龜州이고 南嶺谷은 『요사』「본기」의 南峻嶺谷이다.

134) 『요사』「본기」와 같으나 순서만 다르다. 정월 乙亥朔條이다.

135) 『요사』「본기」 정월 己丑條와 같다.

136) 『요사』「본기」 3月 戊午條와 같다.

연대	『고려사』	『요사』		
		「본기」	「속국표」	「고려외기」
1014 (開泰3년, 顯宗5년)	是月, 加陳頔、李禮均爲門下侍郎, 平章事王同穎爲內 史侍郎, 平章事尹餘爲司宰卿, 王佐暹爲將作少監, 以奉使契丹被留未還也.(6월) 契丹遣將軍李松茂又索六城.(9월) 契丹遣國舅詳穩蕭敵烈來侵通州. 興化鎭將軍鄭神勇, 別將周演擊敗之, 斬七百餘級, 溺江死者甚衆.(10월)	遣上京副留守耶律资忠復使高麗取六州舊地.(2월) 是夏, 詔國舅詳穩蕭敵烈, 東京留守耶律團石等討高麗, 造浮梁于鴨渌江, 城保、宣義、定遠等州.(夏)		資忠復使, 如前索地.140) 詔國舅詳穩蕭敵烈, 東京留守耶律團石等造浮梁于鴨渌江, 城保、宣義、定遠等州.141)(5월)
1015 (開泰4년, 顯宗6년)	契丹作橋於鴨渌江, 來橋築東西城. 遣將攻破, 不克.(정월) 契丹兵圍興化鎭, 將軍高積餘、趙弋等擊却之. 又侵通州.(정월22일) 契丹侵龍州.(3월19일) 契丹使將軍耶律行平來, 又索六城, 拘留不遣.(4월 11일) 契丹使監門將軍李松茂來索六城. (9월7일) 契丹來攻通州.(9월12일)	蕭敵烈等伐高麗還.(4월) 命北府宰相劉晟爲都統, 樞密使耶律世良爲副, 殿前都點檢蕭屈烈爲都監以伐高麗. 晟先携家置邊郡, 致緩師期, 追還之. 以世良屈烈總兵進討.(5월)		命北府宰相劉愼行爲都統, 樞密使耶律世良爲副, 殿前都點檢蕭虛烈爲都監. 愼行挈家邊上, 致緩師期, 追還之, 以世良、虛烈總兵伐高麗.142)

137) 『요사』「본기」와 동일하다. 『요사』에는 蔡忠順을 파견한 기록이 없다. 또 『고려사』와 『요사』가 다 같이 親朝에 대한 기록만 있는데 모두 4월로 되어 있다.

138) 『요사』「본기」의 내용과 『고려사』의 내용이 같다.

139) 「본기」의 6월과 8월 往還의 기사를 한 문장으로 압축한 것이다. 그런데 이 문장에 세 가지 문제점이 있다. 첫째 『요사』에는 耶律資忠인데 『고려사』는 耶律行平으로 되어 있으며, 둘째 그의 職은 『요사』에는 中丞, 『고려사』에는 右監門衛大將軍으로 되어 있으며, 셋째 資忠이 고려에 온 것이 『고려사』는 3月, 『요사』는 6월이다. 응당 『요사』의 시간이 더 빨라야 할 것이다.

140) 「본기」와 같다. 『고려사』에는 開泰 2년 7월로 되어 있으나 『요사』에 개태 3년 2월로 되어 있다. 응당 『요사』 기록이 빨라야 할 것이다.

141) 「본기」와 같다. 여기 保·宣義·定遠等州라 하였는데 『遼史校勘記』에 의하면 "「遼史地里志」2를 보면 保州宣義軍이 1州이고, 定遠은 宣州의 軍號이지 州名이

연대	『고려사』	『요사』		
		「본기」	「속국표」	「고려외기」
1015 (開泰4년, 顯宗6년	輿化鎭大將軍鄭神勇, 別將周演, 散員任憶, 校尉楊春 大醫丞孫簡, 太史丞康承穎等引兵出契丹軍後, 擊殺七百餘級, 神勇及六人死之. (9월16일) 契丹攻寧州城, 不克而退.(9월20일) 大將軍高積餘, 將軍蘇忠玄, 高延迪, 散員金克, 別將光參等追擊, 死之. 丹兵虜兵馬判官王佐, 錄事盧玄佐而去.(9월23일) 是歲, 契丹取宣化、定遠二鎭, 城之.			
1016 (開泰5년, 顯宗7년)	契丹耶律世良、蕭屈烈侵郭州, 我軍與戰, 死者數萬人, 獲輜重而歸.(정월5일) 契丹使十人到鴨淥江, 不納.(정월9일) 契丹王美、延相等七人來奔.(2월7일) 契丹曹恩、高忽等六人來投(정월29일) 契丹馬兒、保良、王保、可新等十三戶來投.(5월8일) 契丹要豆等三人來投.(5월22일) 契丹志甫等三人來投.(6월6일) 契丹張烈、公現、申豆、猷兒、王忠等三十戶來投.(6월13일) 契丹由道、高宗等九人來投. (7월15일) 契丹朱簡、從道等八人來投. (8월) 契丹羅犂等五人來投.(9월8일) 契丹奉夫、高里等十九人來投.(9월30일) 契丹匡乂兒等十人來投.(11월16일) 契丹瑟弗達等六人來投.(12월25일)	耶律世良、蕭屈烈與高麗戰于郭州西, 破之, 斬首數萬級, 盡獲其輜重.(정월)	耶律世良與蕭善寧東討高麗, 破之.(1월)	世良等與高麗戰于郭州西, 破之.[143]

아니다."라고 하였다. 『中國古今地名大辭典』(臧勵龢 등)의 保州條에 "遼置, 故治在今朝鮮平壤西北三百里"라 하였다.

142) 『요사』「본기」와 같으나 『고려사』에는 없다. 그러나 인명이 『요사』「본기」와 다르다. 「본기」의 劉晟이 劉愼行, 蕭屈烈이 蕭虛烈로 되어 있다. 『요사』「열전」"劉六符傳" 중에 六符의 父가 愼行인데 그의 기사가 이 기사내용과 부합되며 晟은 同時代人이지만 다른 사람이다. 더구나 같은 날 愼行은 失期하여 彰武軍節度使로, 晟은 覇州節度史로 나갔다. 蕭惠의 동생 虛烈이 있으나 虛烈과 동일인인지에 대하여 考證하기 어렵고 屈烈은 조사할 수 없다. 그러나 『新校本遼史』에서는 晟과 愼行은 동일인이며 彰武軍이 곧 覇州이며 다만 『요사』「본기」에는 晟, 「고려외기」에는 愼行으로 적었을 뿐이라고 한다.

연대	『고려사』	『요사』		
		「본기」	「속국표」	「고려외기」
1017 (開泰6년, 顯宗8년)	契丹光正等七戶來投.(7월2일) 契丹買瑟、歸乙、鄭新等十四人來投.(7월13일) 契丹果許伊等三戶來投.(8월8일) 契丹蕭合卓圍興化鎭, 攻之九日不克, 將軍堅一、洪光、高義出戰, 大敗之, 斬獲甚多.(8월28일) 契丹群其、昆伎, 女眞孤這等十戶來投.(9월9일) 契丹烏豆等八人來投.(9월17일)	詔國舅帳詳穩蕭隗洼將本部兵東征高麗, 其國舅司事以都監攝之.(2월) 命樞密使蕭合卓爲都統, 漢人行宮都部署王繼忠爲副, 殿前都點檢蕭屈烈爲都監以伐高麗.(5월) 翌日, 賜合卓劍, 俾得專殺.(5월) 蕭合卓等攻高麗興化軍不克, 還師.(9월)		樞密使蕭合卓爲都統, 漢人行宮都部署王繼忠爲副. 殿前都點檢蕭盧烈爲都監進討.[144] 蕭合卓攻興化軍不克, 師還.[145]
1018 (開泰7년, 顯宗9년)	契丹張正等四人來投.(2월22일) 契丹宋匡、龔伊盖等十餘人來投.(3월1일) 契丹史夫投.(5월4일) 是月, 遣禮賓少卿元永如契丹請和.(10월) 契丹人王遂來投.(12월4일) 契丹蕭遜寧以兵十萬來侵. 王以平章事姜邯贊爲上元帥, 大將軍姜民瞻副之, 帥兵至興化鎭, 大敗之. 遜寧引兵直趨京城, 民瞻追及於慈州, 又大敗之.(12월10일)	詔以東平郡王蕭排押爲都統, 殿前都點檢蕭虛烈爲副統, 東京留守耶律八哥爲都監伐高麗. 仍諭高麗守吏, 能率衆自歸者, 厚賞; 堅壁相拒者, 追悔無及.(10월) 蕭排押等與高麗戰于茶、陀二河, 遼軍失利, 天雲、右皮室二軍沒溺者衆, 遙輦帳詳穩阿果達、客省使酌古、渤海詳穩高淸明、天雲軍詳穩海里等皆死之.(12월)		詔東平郡王蕭排押爲都統, 蕭虛烈爲副統, 東京留守耶律八哥爲都監, 復伐高麗.[146] 蕭排押與戰于茶、陀二河之間, 我軍不利, 天雲、右皮室二軍沒溺者衆, 天雲軍詳穩海里、遙輦帳詳穩阿果達、客省使酌古、渤海詳穩高淸明等皆沒于陣.[147] (12월)

143) 世良은 耶律世良이며 그와 같이 戰鬪에 참가한 사람은 蕭屈烈이다. 그러나 『고려사』와 『요사』「본기」에는 蕭屈烈인데, 『요사』「속국표」에는 蕭善寧이다. 그러니 詳考키 어렵다.

144) 『요사』「본기」 開泰 6년 5월 기사와 같지만 『요사』「본기」의 蕭屈烈이 蕭虛烈로 되어 있다.

연대	『고려사』	『요사』		
		「본기」	「속국표」	「고려외기」
1019 (開泰8년, 顯宗10년)	蕭遜寧至新恩縣, 去京城百里. 王命收城外民戶入內, 清野以待. 遜寧遣耶律好德賫書至通德門, 告以回軍, 潛遣候騎三百餘至金郊驛. 我遣兵一百, 乘夜掩殺之.(정월) 丹兵過龜州, 邯贊等邀戰, 大敗之. 生還者僅數千人.(2월1일) 契丹東京文籍院少監烏長公來見.(5월12일) 契丹東京使工部少卿高應壽來.(8월7일) 遣考功員外郎李仁澤如契丹東京.(8월11일)	東平王蕭韓寧、東京留守耶律八哥、國舅平章事蕭排押、林牙要只等高麗還, 坐失律, 數其罪而釋之. 詔加征高麗有功渤海將校官.(3월) 錄征高麗戰歿將校子弟.(6월) 以南皮室軍校等討高麗有功, 賜金帛有差.(6월) 征高麗戰歿諸將, 詔益封其妻.(7월) 肴里、涅哥二奚軍征高麗有功, 皆賜金帛.(7월) 遣郞君曷不呂等率諸部兵會大軍討高麗.(8월) 高麗王詢遣使乞貢方物, 詔納之.(12월)		詔數排押討高麗罪, 釋之. 加有功將校, 益封戰沒將校之妻, 錄其子弟. 以南皮室軍校有功, 賜衣物銀絹有差, 出金帛賜肴里、涅哥二奚軍. 遣郞君曷不呂等率諸部兵, 會大軍同討高麗.[148] 詢遣使來乞貢方物.[149] (8월)
1020 (開泰9년, 顯宗11년)	以門下侍郎陳頔、李禮均, 內史侍郎王同穎, 司宰卿尹餘, 將作少監王佐暹, 少府丞金德華, 將作注簿金徵祐, 大醫監金得宏被留契丹, 各賜其妻米穀有差. 封佐暹妻爲開城郡君, 子夷甫授禮部主事.(2월) 是月, 遣李作仁奉表如契丹, 請稱藩納貢如故, 且歸所拘人只剌里, 被留凡六年.(2월) 歸契丹使耶律行平.(3월2일)	耶律資忠使高麗還, 王詢表請稱藩納貢, 歸所留王人只剌里. 只剌里在高麗六年, 忠節不屈, 以爲林牙.(5월) 遣使釋王詢罪, 並允其請.(5월)		資忠還, 以詢降表進, 釋詢罪.[150]

145) 『요사』「본기」 開泰 6년 9월 기사와 같다. 그러나 『고려사』가 더욱 자세하다.

146) 『요사』「본기」와 같다. 여기서 蕭虛烈이라는 이름이 『요사』「본기」와 같다. 그리고 『요사』「본기」에는 蕭虛烈의 職이 殿前都點檢임이 밝혀져 있다.

147) 主將인 蕭排押을 『고려사』에서는 蕭遜寧이라 하였다. 그러나 遜寧(恒德)은 이미 統和 14년(996)에 賜死되었다. 그 형인 排押은 太平 3年(1023)에 죽었다. 陀河가 淸川江이므로 茶河는 『고려사절요』의 東大川으로 삽교천으로 비정된다.

148) 『요사』「본기」의 開泰 8년 3월 · 6월 · 7월 · 8월 각조를 한데 연결한 기사이다.

연대	『고려사』	『요사』		
		「본기」	「속국표」	「고려외기」
1020 (開泰9년, 顯宗11년)	契丹使檢校司徒韓紹雍來.(3월8일) 遣禮部尚書梁積, 刑部侍郞韓去華如契丹, 告封王子. 宰臣庾方等諫止之, 不納.(4월26일) 遣持書使借司宰少卿盧執中如契丹東京.(6월13일) 是年, 遣崔齊顔如契丹, 賀千齡節.			
1021 (太平원년, 顯宗12년)	契丹東京使左常侍王道冲來告其主將受册禮.(정월13일) 契丹遣檢校司空御史大夫姚居信來聘.(2월2일) 契丹東京使檢校散騎常侍張澄岳來聘.(3월20일) 遣中樞使李龔, 兵部侍郞柳琮如契丹, 賀受册.(9월23일)	高麗來貢. (11월)		詢薨, 遣使來報嗣位, 即遣使册王欽爲王. 151)
1022 (太平2년, 顯宗13년)	遣軍器少監金仁祐如契丹, 春季問候.(2월10일) 契丹孟流、演擧等四人來奔.(2월13일) 遣參知政事朴忠淑, 國子司業李瓊如契丹.(2월28일) 契丹遣御史大夫上將軍蕭懷禮等來册王開府儀同三司守尚書令上柱國高麗國王, 食邑一萬戶, 食實封一千戶, 仍賜車服儀物. 自是復行契丹年號.(4월) 契丹東京持禮使李克方來言: 自今春夏季問候使幷差一次, 與賀千齡(節), 正旦使同行. 秋冬問候使幷差一次, 與賀太后生辰使同行. (8월3일) 契丹東京使王守榮來.(9월9일) 遣都官郎中尹宗元如契丹, 賀太后生辰.(9월16일) 遣左散騎常侍郭元, 尚書右丞王謂如契丹.(9월20일) 契丹首于味、烏於乙等十九人來投.(9월21일) 契丹東京使高張胤來.(11월19일) 契丹弗大等十一人來投.(12월6일)	以耶律信爲奉陵軍節度使, 高麗國參知政事王同顯靜海軍節度使 …. (7월) 高麗王詢薨, 其子欽遣使來報, 即命使册欽爲高麗國王. (12월)		

149) 『요사』「본기」와 같으나 『고려사』에는 없다.
150) 『요사』「본기」의 문장과 같다.

연대	『고려사』	『요사』		
		「본기」	「속국표」	「고려외기」
1023 (太平3년, 顯宗14년)	契丹焦福等十一戶來投.(정월13일) 遣祕書官劉徵弼如契丹.(3월4일) 契丹遣左散騎常侍武白、耶律克恭等册太子欽爲輔國大將軍檢校太師守太保兼侍中高麗國公.(4월7일) 契丹東京持書使盧知祥來.(5월4일) 契丹麻許底等十三戶來投.(5월15일) 契丹大世奴、齊化那等八人來投.(5월30일) 契丹遣太保黃信來賀生辰.(7월1일) 契丹使栗守常來聘.(윤9월19일) 契丹東京使高仁壽來.(윤9월11일)			
1024 (太平4년, 顯宗15년)	契丹馬史刀等三人來投.(정월1일) 契丹遣檢校司徒高壽來賀生辰.(7월1일) 契丹遣檢校左僕射李正倫來.(10월2일)			
1025 (太平5년, 顯宗16년)	赦皮渭宗等六人, 復其爵. 初渭宗以兵部郎中巡行徼外, 見契丹將軍耶律撒割游獵, 與禮賓注簿鄭民義等五人馳出, 斬之而歸, 以邀功賞. 所司以擅兵出塞, 流遠方. 至是放還.(정월14일) 契丹遣監門衛大將軍韓椅來賀生辰.(7월1일)			
1026 (太平6년, 顯宗17년)	契丹遣太傅李知順來聘.(2월16일) 契丹遣御院判官耶律骨打來請假途, 將如東北女眞, 不許.(윤5월19일) 契丹遣監門衛大將軍王文簡來賀生辰.(7월1일)			
1027 (太平7년, 顯宗18년)	契丹遣李正允來.(정월27일) 契丹遣太傅李匡一、耶律胡都袞來賀生辰.(7월1일) 契丹東京使高延來.(8월1일)			

151) 『요사』「본기」에는 太平 2년 12월 辛丑조에 「高麗王詢薨, 其子欽遣使來報, 即命使册欽爲高麗國王」이라 하였다. 그러나 顯宗(詢)은 太平 원년도 2년도 아닌 1031년(顯宗 22년) 5월 辛未일에 薨逝하였다. 그러니 꼭 9년 후가 된다. 또 『요사』「본기」의 기사를 收入한 것이지만 「본기」의 太平 2년 12월에 나오는 것을 太平 원년으로 誤記하였다.

연대	『고려사』	『요사』		
		「본기」	「속국표」	「고려외기」
1028 (太平8년, 顯宗19년)	遣禮部員外郎金哿如契丹東京.(2월9일) 遣太府卿金作賓如契丹.(2월28일) 契丹遣將軍耶律素、房州防禦使楊延美等來聘.(3월26일) 契丹遣瀋州刺史蕭瓊、亳州刺史傅用元來賀生辰.(7월2일) 遣左司郎中林福如契丹, 賀皇后生辰. (9월17일) 遣尙書右丞鄭莊如契丹謝恩.(10월12일) 遣大僕卿王希傑, 殿中侍御史李惟亮如契丹, 賀生辰.(11월13일)			
1029 (太平9년, 顯宗20년)	契丹大將軍耶律延寧、海北州刺使張令儀來聘.(4월22일) 契丹人曹兀挈家來奔.(4월22일) 契丹遣將軍耶律管寧、崇祿少卿李可封來賀生辰.(7월1일) 契丹東京將軍大延琳遣大府丞高吉德告建國, 兼求援. 延琳, 渤海始祖大祚榮七代孫, 叛契丹, 國號興遼, 建元天興.(9월3일) 興遼國太師大延定引東北女眞與契丹 相攻, 遣使乞援. 王不許. 自此路梗, 與契丹不通.(12월6일) 命西北面判兵馬事柳韶赴鎭, 以備興遼.(12월8일)	遣使賜高麗王欽物. (2월) (大延琳亂) 時南、北女直皆從延琳, 高麗亦稽其貢.(8월)		賜欽物. 152)
1030 (太平10년, 顯宗21년)	興遼國又遣水部員外郎高吉德上表乞師.(정월13일) 契丹水軍指麾使虎騎尉大道、李卿等六人來投. 自是契丹渤海人來附甚衆.(5월13일) 興遼國行營都部署劉忠正遣寧州刺史大慶翰貴表乞援.(7월14일) 興遼國郢州刺史李匡祿來告急, 尋聞國亡, 遂留不歸.(9월6일) 遣金哿如契丹, 賀收復東京.(9월24일) 契丹遣千牛將軍羅漢奴來, 詔曰 : 近不差人往還, 應爲路梗, 今渤海偸主俱遭圍閉, 並己歸降, 宜遣陪臣速來赴國必無虞慮.(9월25일) 是月, 契丹奚哥、渤海民五百餘人來投, 處之江南州郡.(10월)			

연대	『고려사』	『요사』		
		「본기」	「속국표」	「고려외기」
1031 (景福원년, 顯宗22년)	是月, 契丹渤海民四十餘人來投. (3월) 契丹報哀使工部郎中南承顔來告聖宗崩, 宣詔於顯宗返魂堂.(7월14일) 王引契丹報哀使擧哀於內殿.(7월16일) 渤海諸軍判官高眞祥、孔目、王光祿自契丹持牒來投.(7월24일) 契丹賀先王生辰使耶律溫德、趙象玄來.(7월24일) 契丹王守男等十九人來投, 處之南地.(10월3일) 遣工部郎中柳喬如契丹會葬. 郎中金行恭賀即位, 表請毁鴨綠城橋, 歸我被留行人.(10월7일) 金行恭報契丹不從所奏, 遂停賀正使, 仍用聖宗太平年號.(11월28일)	高麗遣使弔慰.(7월)		聖宗崩, 遣使告哀. 使來慰奠. 153)(7월)
1032 (重熙원년, 德宗원년)	契丹遣留使來, 至來遠城, 不納. 遂城朔州、寧仁鎭、派川等縣備之.(정월13일) 契丹殿直高善悟、殿前高眞成等十五人、左廂都指揮使大光、保州懷化軍事判官崔運符、鄕貢進士李運衡等來奔.(3월2일) 契丹奚家內乙古等二十七人來投.(4월8일) 以李禮均等八人使於契丹, 被留不還, 賜妻子物有差.(7월3일) 契丹注簿劉信思等五人來奔.(10월14일) 契丹濟乙男等十人來奔.(10월28일) 契丹羅骨等十人來投.(12월7일)			
1033 (重熙2년, 德宗2년)	契丹仇乃等十八人來奔.(정월28일) 左右衛猛校尉吳幸、李璜、申先立等抄掠丹兵七人, 賜職一級.(3월28일) 契丹奚家古要等十一人來投, 處之江南.(3월6일) 契丹侵靜州.(10월15일)			

152) 『요사』「본기」에 나오는 기사와 같다. 그러나 이 해는 顯宗이 승하하기 2년 전이다. 欽(德宗)이 이때에는 아직 태자인데 태자에게 내린 賜物을 이렇게 기록하지는 않았을 것이다. 이것을 앞의 주 63)에서 이미 欽이 登位한 것으로 하였으니 이런 오류가 나온다. 『고려사』에는 이런 기록이 없다.

연대	『고려사』	『요사』		
		「본기」	「속국표」	「고려외기」
1035 (重熙4년, 靖宗원년)	契丹來遠城使檢校右散騎常侍安署牒興化鎭.(5월21일) 寧德鎭廻牒契丹來遠城.(6월)			
1037 (重熙6년, 靖宗3년)	西北路兵馬使捕東女眞交通契丹者沙伊邏等五十五人, 送于西京.(2월16일) 是月, 契丹來遠城奉皇帝宣旨, 牒寧德鎭曰…. 門下侍中徐訥等十四人議奏曰 : 宜遣使告奏.(9월) 西北路兵馬使奏 : 契丹以船兵侵鴨綠江.(10월8일) 遣殿中少監崔延嘏如契丹, 奏云 : ….(12월20일)			
1038 (重熙7년, 靖宗4년)	契丹遣保業來.(정월1일) 崔延嘏還自契丹. 詔曰 : ….(3월14일) 是月, 遣尙書左丞金元冲如契丹, 起居謝恩, 仍請年號(4월) 金元冲還自契丹. 詔曰 : ….(7월19일) 始行契丹重熙年號.(8월1일) 遣持禮使閤門祗候金華彥如契丹東京.(8월3일) 契丹遣馬保業來. 詔曰 : ….(10월28일) 契丹東京回禮使義勇軍都指揮康德寧來.(11월3일) 遣崔忠恭如契丹, 賀永壽節, 仍賀正.(11월7일)	高麗遣使來貢.(2월)	高麗遣使來貢.(2월)	來貢.[154]
1039 (重熙8년, 靖宗5년)	遣殿中監李成功如契丹獻方物.(2월1일) 遣戶部郎中庾先謝安撫, 仍請罷鴨江東加築城堡.(2월6일) 庾先還自契丹. 詔曰 : ….(4월1일) 契丹遣少府監陳邁來賀生辰.(7월) 遣右散騎常侍林維幹如契丹, 謝册封.(7월) 遣戶部侍郎宋融如契丹, 賀永壽節兼賀正.(12월1일) 契丹東京回禮使大堅濟等九人來.(윤12월1일)			

153) 『요사』「본기」에는 告哀한 기록은 없고 다만 弔慰의 기록만 있다. 그러나 『고려사』에는 告哀와 會葬에 참여한 기록이 나온다.

연대	『고려사』	『요사』		
		「본기」	「속국표」	「고려외기」
1040 (重熙9년, 靖宗6년)	遣右散騎常侍秦玄錫如契丹, 獻方物.(정월17일) 契丹東京民巫儀老、吳知桀等二十餘人來投, 賜物及田宅, 處之嶺南.(4월2일) 契丹橫宣使秦州防禦使馬世良等來.(4월17일) 遣尙書右丞柳伯仁如契丹謝恩.(6월22일) 契丹遣夏州觀察使趙安仁來賀生辰.(7월12일) 遣工部侍郎庾昌如契丹, 賀皇太后生日.(8월3일) 契丹東京回禮使都指揮使高維翰來.(9월8일) 是月, 庾昌還自契丹. 詔曰 : …. (10월) 遣工部侍郎李仁靜如契丹, 賀永壽節兼賀正.(11월20일) 契丹東京民二十餘戶來投.(12월16일)			
1041 (重熙10년, 靖宗7년)	契丹遣衛尉少卿耿致君來賀生辰.(7월14일) 是歲, 遣翰林學士承旨朴有仁、右丞李惟亮如契丹, 加冊禮. 判衛尉事柳參獻方物.(7월14일)			
1042 (重熙11년, 靖宗8년)	契丹, 遣吏部郎中馮立來賀生辰.(7월14일) 契丹遣檢校禮部尙書兼御史王永言來. 詔曰 : …. (11월22일)			
1043 (重熙12년, 靖宗9년)	契丹遣侍御史姚居善來賀生辰.(7월2일) 東京回禮使檢校左僕射張昌齡來.(11월14일) 契丹遣冊封使蕭愼微、使副韓紹文、都部署利川管內觀察留後劉日行、押冊使殿中監馬至柔、讀冊將作少監徐化洽、傳宣檢校左散騎常侍韓貽孫等一百三十人來.(11월17일) 王設壇受命. 詔曰 : ….(11월23일)	高麗國以加上尊號, 遣使來賀.(3월)	高麗國以加上尊號, 遣使來賀.(3월)	以加上尊號, 來賀.[155] (3월)

154) 『요사』「본기」 및 「속국표」와는 기록이 일치하나, 『고려사』에는 이런 기록이 없다.
155) 『요사』「본기」 및 「속국표」와는 일치하나 『고려사』에는 없다. 다만 生辰祝賀使節만이 있을 뿐이다. 그러나 月日이 맞지 않는다.

연대	『고려사』	『요사』		
		「본기」	「속국표」	「고려외기」
1044 (重熙13년, 靖宗10년)	契丹遣檢校太保劉從政來賀生辰. (7월14일) 遣右僕射李懷、尙舍奉御崔希正如契丹, 謝封册.(7월14일)	高麗遣使來貢.(3월) 高麗遣使來貢.(6월) 高麗遣使來貢.(12월)	高麗遣使來貢.(3월)	遣使來貢.[156]
1045 (重熙14년, 靖宗11년)	契丹橫宣使檢校太傅判三班院事耶律宣來.(6월25일) 契丹遣檢校尙書右僕射高惟幾來賀生辰.(7월14일)	高麗遣使來貢.(4월)	高麗遣使來貢.(4월)	又來貢.[157] (3월)
1046 (重熙15년, 文宗즉위년)	遣尙書工部郞中崔爰俊如契丹告哀.(6월5일) 契丹遣起居舍人周宗白來歸賻. (12월17일)	高麗遣使來貢.(3월) 高麗王欽薨, 遣使來告.(8월)	高麗遣使來貢.(3월)	入貢.[158] 王欽薨, 遣使來告.[159] (8월)
1047 (重熙16년, 文宗원년)	契丹遣忠順軍節度使蕭愼微、守殿中少監康化成等來祭靖宗于虞宮. 王往參之.(2월17일) 契丹人高無諸等來投.(6월22일) 契丹遣福州管內觀察使宋璘來册王. 其册曰 : …可特授開府儀同三司守太保兼侍中上柱國封高麗國王, 食邑七千戶, 食實封一千戶, 兼賜匡時致理竭節功臣之號.(9월11일)	高麗遣使來貢.(12월)		來貢.[160]
1048 (重熙17년, 文宗2년)	契丹遣千牛衛大將軍王澤等來致國信. (윤정월12일) 契丹遣崇祿少卿邢彭年來賀生辰. (11월25일) 契丹東京回禮使棣州刺史高慶善來.(11월27일)	高麗遣使來貢.(4월)	高麗遣使來貢.(4월)	又來貢.[161]
1049 (重熙18년, 文宗3년)	契丹遣蕭惟德、王守道來册王. 詔曰: ….(정월12일) 契丹所擄鳳州喜達等三十人還. (3月13일) 契丹遣殿中少監馬祐來賀生辰. (12월1일)			

156) 『요사』「본기」 및 「속국표」와는 일치하나 『고려사』와는 맞지 않는다. 다만 『고려사』에 生辰祝賀使行은 있으나 역시 月日이 맞지 않는다.

연대	『고려사』	『요사』		
		「본기」	「속국표」	「고려외기」
1050 (重熙19년, 文宗4년)	契丹東京回禮使忠勇軍都指揮使高長安來.(9月3日) 契丹橫宣使匡義軍節度使蕭質來.(윤11월9일) 契丹漢兒曹一來投.(윤11월18일) 契丹遣高州觀察使蕭玉來賀生辰.(12월1일)	高麗遣使來貢. (4월) 宋遣使來賀伐夏捷, 高麗使俱至.(6월)	高麗遣使來貢.(4월) 高麗遣使來賀伐夏之捷.(6월)	復貢.[162] 遣使來賀伐夏之捷.[163] (6월)
1051 (重熙20년, 文宗5년)	契丹東京回禮使檢校工部尙書耶律守行來.(10월29일) 契丹遣恩州刺史劉從備來賀生辰.(12월1일)			
1052 (重熙21년, 文宗6년)	契丹遣永州刺史耶律士淸來賀生辰.(12월1일)			
1053 (重熙22년, 文宗7년)	契丹遣利州刺史蕭素來賀生辰.(12월1일)	高麗遣使來貢. (6월)	高麗遣使來工.(6월)	入貢.[164]
1054 (重熙23년, 文宗8년)	是月, 遣給事中金良贇如契丹, 告立太子.(4월) 是月, 契丹始設弓口門欄于抱州城東野.(7월) 契丹橫宣使益州刺史耶律芳來.(10월14일) 契丹宣諭使益州刺史耶律幹來.(11월5일) 契丹遣復州刺史耶律新來賀生辰.(12월1일)	高麗遣使來貢.(4월) 高麗王徽請官其子, 詔加檢校太尉.(6월)	高麗遣使來貢.(4월)	王徽請官其子, 詔加檢校太尉. [165](4월)

157) 역시 『요사』 「본기」 및 「속국표」와는 일치하나 『고려사』에는 없다. 원래 『요사』 「본기」에 4월 두 글자가 缺하였다. 그러나 「校勘記」에 의하면 朔考 3월 丁巳朔이고 辛亥가 없다. 4월 丁亥朔에는 辛亥가 25일이 된다. 「속국표」를 검토하면 4월이므로 여기에 근거하여 보완한다고 하였다.

158) 『요사』 「본기」 및 「속국표」와는 일치하나 『고려사』에는 없다.

159) 이 해는 文宗 즉위년으로 前王은 德宗 欽이 아니고 靖宗 亨이다. 德宗 欽은 1031년 5월에 즉위하여 1034년 9월에 승하하였다. 그리고 靖宗 亨은 1034년 6월에 즉위하여 1046년 5월에 승하하였다.

160) 『요사』 「본기」에는 來貢한 기사가 있으나 『고려사』에는 없다.

161) 『요사』 「본기」 및 「속국표」는 일치하나 『고려사』에는 없다.

162) 『요사』 「본기」 및 「속국표」에는 來貢이라 하였다. '復'은 1년 2회일 때 적용될 것으로 보인다. 아마 '復'은 '來'의 誤記일 것이다.

연대	『고려사』	『요사』		
		「본기」	「속국표」	「고려외기」
1055 (淸寧원년, 文宗9년)	契丹遣耶律革、陳顗來册王. 詔曰 : …. (5월4일) 遣利州刺史蕭祿來册王太子. 官告曰 : ….(5월6일) 契丹康慶遵等十五人來投, 歸我沒蕃人五十三口.(7월4일) 契丹興宗告哀使鴻臚少卿張嗣復來. 王聞嗣復過鴨江, 減常膳, 輟音樂, 禁屠宰, 斷弋獵.(9월8일) 遣知中樞院事崔惟善、工部侍郞李得路如契丹, 弔喪會葬.(9월21일) 生辰回謝使戶部侍郞崔宗弼還自契丹. 奏 : ….(10월1일) 契丹東京回禮使檢校工部尙書耶律道來.(11월11일) 契丹遣金州刺史耶律長正來賀生辰.(12월1일)	遣使報哀于高麗.(8월) 遣使賜高麗先帝遺物.(9월) 高麗遣使來會.(11월)		遣使報國哀, 以先帝遺留物賜之.[166] (8월) 使來會葬.[167](11월)
1056 (淸寧2년, 文宗10년)	契丹遣永州刺史蕭惟新來賀生辰.(12월1일)	高麗遣使來貢. (6월)		來貢.[168]
1057 (淸寧3년, 文宗11년)	契丹遣蕭繼從、王守拙來册王. 詔曰 : …. 契丹又遣蕭素. 柴德滋來册王太子. 詔曰 : ….(3월9일) 契丹東京持禮回謝使檢校工部尙書耶律可行來.(6월2일) 遣王夷甫 · 崔爰俊如契丹, 謝賜册命.(9월11일) 契丹橫宣使泰州刺史耶律宏來.(10월20일) 契丹遣右諫議大夫王宗亮來賀生辰.(12월1일) 遣尙書戶部侍郞安民甫如契丹, 賀太皇太后生辰.(12월5일) 遣尙書工部侍郞崔繼游賀天安節. (12월7일)	高麗遣使來貢.(11월)		來貢.[169]

163) 『요사』「본기」 및 「속국표」와는 일치하나 『고려사』에는 없다.

164) 『요사』「본기」 및 「속국표」와는 일치하나 『고려사』에는 없다.

165) 『요사』「본기」와 일치되는 기사이다. 그러나 『고려사』에는 다만 '告立太子'만 나온다. 왕태자를 책봉한 것은 다음 해 淸寧 원년 5월 6일이다. 곧 1년의 시차가 나며 官爵도 檢校太尉가 아니고 三韓國公이다.

연대	『고려사』	『요사』		
		「본기」	「속국표」	「고려외기」
1058 (淸寧4년, 文宗12년)	契丹檢校尙書右僕射蕭禧來告太皇后喪. 王以玄冠素服迎之.(2월20일) 契丹遣左領軍衛上將軍蕭偘來致太后遺物.(6월3일) 契丹東京回禮使檢校左散騎常侍耶律延寧來.(9월7일) 契丹筵州刺史郭在貴來賀生辰.(12월1일)	高麗遣使來會. (5월)		遣使報太皇太后哀. 使來會葬. 170)(5월)
1059 (淸寧5년, 文宗13년)	遣告奏使尙書工部員外郎崔奭珍如契丹.(2월9일) 契丹東京回謝使檢校右散騎常侍耶律延寧來.(9월4일) 契丹多于伊、男于陵等二人來投.(10월23일) 契丹遣檢校司徒耶律德來賀生辰.(12월1일)			
1060 (淸寧6년, 文宗14년)	契丹宣賜使高州管內觀察使蕭奧來.(11월5일) 契丹遣永州管內觀察使耶律烈來賀生辰.(12월1일)			
1061 (淸寧7년, 文宗15년)	契丹東京回禮使檢校工部尙書蕭嗽思來.(4월3일) 契丹遣檢校太傅寧州刺史蕭述來賀生辰.(12월1일)			
1062 (淸寧8년, 文宗16년)	東京回禮使檢校尙書右僕射耶律章來.(정월14일) 契丹遣泰州管內觀察使高守正來賀生辰.(12월1일)			
1063 (淸寧9년, 文宗17년)	契丹送大藏經. 王備法駕, 迎于西郊.(3월4일) 契丹遣益州刺史蕭格來聘.(11월6일) 契丹遣右諫議大夫李日肅來賀生辰.(12월1일)			

166) 『요사』「본기」와 같다. 『고려사』와 같은 달로 나오는데 『고려사』가 늦어야 할 것이다. 그리고 先帝의 遺物을 하사한 것도 8월로 되어 있으나 『요사』「본기」에는 9월로 되어 있다. 『고려사』에는 이 기록이 없다.

167) 『요사』「본기」와 『고려사』가 일치한다.

168) 「본기」와는 동일하나 『고려사』에는 없다.

169) 「본기」와는 동일하나 『고려사』에는 없다.

연대	『고려사』	『요사』		
		「본기」	「속국표」	「고려외기」
1064 (清寧10년, 文宗18년)	契丹遣檢校右散騎常侍耶律亘來. 詔曰 : ….(10월25일) 契丹遣司農卿胡仲來賀辰.(12월1일) 契丹高奴等三人、黑水包棄等八人來投.(12월1일)			
1065 (咸雍원년, 文宗19년)	契丹東京留守牒報, 册上皇太后尊號及加上皇帝尊號.(3월29일) 契丹遣耶律寧、丁文通來册王. 詔曰 : ….(4월4일) 遣尙書右僕射金良贄、殿中少監徐靖如契丹, 謝册命.(8월19일) 遣禮部尙書崔尙、將作少監金成漸如契丹, 謝太子册命.(9월26일) 契丹遣左諫議大夫傅平來賀生辰. (12월1일)			
1066 (咸雍2년, 文宗20년)	遣司宰卿高復昌如遼, 賀改國號. (4월21일) 遼橫賜使歸州刺史耶律賀來.(11월2일) 遼遣崇祿卿王去惑來賀生辰.(12월1일)			
1067 (咸雍3년, 文宗21년)	遼遣寧州管內觀察使胡平來賀生辰.(12월1일)			
1068 (咸雍4년, 文宗22년)	遼遣益州管內觀察使魏成來賀生辰.(12월1일)			
1069 (咸雍5년, 文宗23년)	遼遣御史中丞高聳來賀生辰.(12월1일) 遼東京回禮使檢校右僕射耶律極里哥來.(12월1일)			
1070 (咸雍6년, 文宗24년)	遼遣衛尉卿和勗來賀生辰.(12월1일)			
1071 (咸雍7년, 文宗25년)	遼遣益州刺史高元吉來賀生辰. (12월1일)	高麗遣使來貢. (11월)	高麗遣使來貢. (11월)	來貢.[171]

170) 「본기」에는 會葬日만 나온다. 그러나 『고려사』에는 告哀日만 나온다. 이 「고려외기」는 두 기사를 함께 기록한 것이다.

171) 『요사』「본기」 및 「속국표」와는 일치하나 『고려사』에는 없다.

연대	『고려사』	『요사』		
		「본기」	「속국표」	「고려외기」
1072 (咸雍8년, 文宗26년)	遼遣永州刺史耶律直來行三年一次聘禮.(11월1일) 遼遣檢校太尉張日華來賀生辰. (12월1일)	高麗遣使來貢.(11월) 賜高麗佛經一藏.(12월)	高麗遣來貢. (6월)	來貢. 以佛經一藏賜徽.[172] (12월)
1073 (咸雍9년, 文宗27년)	遼遣寧州刺史大澤來賀生辰.(12월1일)	高麗遣使來貢.(12월)	高麗遣使來貢. (12월)	來貢.[173]
1074 (咸雍10년, 文宗28년)	遼遣崇祿卿賈詠來賀生辰.(12월1일)	高麗遣使來貢.(11월)	高麗遣使來貢. (11월)	來貢.[174]
1075 (太康원년, 文宗29년)	遣刑部侍郎崔奭如遼賀天安節, 殿中內給事全咸正賀坤寧節, 都官員外郎趙惟阜賀正, 殿中侍御史許忠進方物.(4월5일) 遼東京兵馬都部署牒告：改咸雍十一年爲太康元年.(7월15일) 遼東京兵馬都部署奉樞密院劄子移牒：請治鴨江以東疆域.(7월) 遣知中樞院事柳洪、尙書右丞李唐鑑, 同遼使審定地分, 未定而還. (7월) 遼遣横宣使益州管內觀察使耶律甫來.(11월17일) 遼遣太傅武達來賀生辰.(12월1일)			
1076 (太康2년, 文宗30년)	遼遣永州管內觀察使蕭惟康來告皇太后喪.(4월) 有司奏, 北朝於定戎鎭關外, 設置庵子, 請遣使告奏毁撤, 從之.(8월27일) 遼遣崇祿卿石宗回來, 致大行皇后遺留衣服、綵段、銀器.(11월18일) 遼遣崇祿卿郭善利來賀生辰. (12월1일)	遣使報告于高麗.(3월) 高麗遣使弔祭. (6월)		皇太后崩, 遣使報哀. [175](3월) 使來弔祭. [176](6월)
1077 (太康3년, 文宗31년)	遼遣檢校太傅楊祥吉來賀生辰. (12월1일)			

172) 『요사』「본기」와는 일치하나 『고려사』에는 없다.
173) 『요사』「본기」 및 「속국표」와는 일치하지만 『고려사』에는 없다.
174) 『요사』「본기」 및 「속국표」와는 일치하지만 『고려사』에는 없다.
175) 『요사』「본기」와 『고려사』가 일치된다.

연대	『고려사』	『요사』		
		「본기」	「속국표」	「고려외기」
1078 (太康4년, 文宗32년)	遼宣賜使益州管內觀察使耶律溫來.(11월27일) 遼遣衛尉卿呂士安來賀生辰.(12월1일)	高麗遣使乞賜鴨淥江以東地,不許.(4월)	高麗遣使乞賜鴨淥江以東地, 不許.(4월)	王徽乞賜鴨淥江以東地,不許.[177]
1079 (太康5년, 文宗33년)	遼遣起居郎馬高俊來賀生辰.(12월1일)			
1080 (太康6년, 文宗34년)	遼遣永州管內觀察使高嗣賀生辰.(12월1일)			
1081 (太康7년, 文宗35년)	遣閤門引進使高夢臣如遼,賀天安節, 右補闕魏絳謝宣賜生辰, 戶部郎中河忠濟進方物,閤門祇候崔周砥賀正.(5월12일) 遼遣橫宣使利州管內觀察使耶律德讓來.(11월20일) 遼遣崇祿卿楊移孝來賀生辰.(12월1일)	高麗遣使來貢.(11월)	高麗遣使來貢.(11월)	
1082 (太康8년, 文宗36년)	遼遣永州管內觀察使李可遂來賀生辰.(12월1일)			
1083 (太康9년, 文宗37년)	遣左拾遺知制誥吳仁俊如遼告哀.(7월18일) 是月, 遣侍御史李資仁如遼告喪.(11월)	高麗王徽薨.(8월) 以高麗王徽子三韓國公勳權知國事.(9월) 詔僧善知讎校高麗所進佛經,頒行之.(11월) 高麗三韓國公王勳薨. (12월)		王徽薨, 以徽子三韓國公勳權知國事. [178](8월) 勳薨.[179] (12월)

176) 『요사』「본기」와 일치하나 『고려사』에는 없다.
177) 『요사』「본기」 및 「속국표」에는 일치된 기록이 있으나 『고려사』에는 없다.
178) 『요사』「본기」와 일치한다. 그러나 「본기」는 文宗(徽)의 薨御를 8월로 적고 文宗子勳(順宗)을 權知國事로 삼는 것은 9월로 되어 있다. 그런데 「고려외기」에서는 두 기사를 같이 적다보니 모두 8월로 한 것 같다. 실상 7월에 昇遐하지만

연대	『고려사』	『요사』		
		「본기」	「속국표」	「고려외기」
1084 (太康10년, 宣宗원년)	遼遣勅祭使益州管內觀察使耶律信, 慰問使廣州管內觀察使耶律彥等來.(4월)			
1085 (大安원년, 宣宗2년)	遼報改元大安, 王命有司告于大廟、六陵.(2월) 遼遣御史中丞李可及來賀生辰, 不及期, 人嘲之曰 : 使名可及, 何不及耶.(9월21일) 遼遣落起復使高州管內觀察使耶律盛來.(11월16일) 遼遣保靜軍節度使蕭璋、崇祿卿溫嶠等來冊王爲特進檢校太師兼中書令上柱國, 食邑一萬戶, 食實封一千戶, 兼賜冠冕、車馬、圭印、衣帶、綵段等物.(11月23일)	遣使册三韓國公勳弟運爲高麗國王.(11월)		冊勳子運爲國王.180)
1086 (大安2년, 宣宗3년)	遣衛尉少卿崔思說如遼賀天安節, 殿中少監郭尙獻方物, 戶部侍郎金士珍謝賀生辰.(윤2월26일) 遣尙書禮部侍郎崔洪嗣如遼, 謝落起復. 禮賓卿李資智賀正. 知中樞院事李子威、尙書左丞黃宗慤謝册命. 又遣告奏使尙書右丞韓瑩, 時遼欲於鴨綠江將起榷場, 故請罷之.(5월20일) 遼遣守殿中監史洵直來賀生辰.(9월9일)	高麗遣使謝封册.(11월)	高麗遣謝封册.(11월)	遣使來謝封册.181)

거란에 報哀된 것이 8월이므로 8월로 적은 것 같다.

179) 順宗(勳)은 文宗 37년(1083) 7월 辛酉에 즉위하였다가 10월 乙未에 薨去하였다.

180) 勳(順宗)은 文宗의 長子이고 運(宣宗)은 文宗 제2자로 곧 順宗母弟이다. 그러니 子가 아니고 弟라 해야 한다.

181) 『요사』「본기」·「속국표」 및 『고려사』가 내용은 일치하나 『고려사』에는 謝册命使를 5월 20일에 파견하였는데 契丹에는 11월에 도착한 것으로 되어 있으니 약 6개월이 걸린 셈이다. 어딘가 잘못이 있다.

연대	『고려사』	『요사』		
		「본기」	「속국표」	「고려외기」
1087 (大安3년, 宣宗4년)	遣告奏使祕書監林昌槩如遼.(정월12일) 遣密進使閤門引進使金漢忠如遼. (정월27일) 遼遣高州管內觀察使高惠來賀生辰.(9월9일) 遣告奏使禮賓少卿柳伸如遼.(10월14일) 遣衛尉少卿庾晳如遼, 謝賀生辰.(11월8일) 遣殿中少監金德均如遼獻方物.(11월21일) 遣刑部侍郞崔翥如遼, 賀天安節.(12월11일)	高麗遣使來貢. (3월)	高麗遣使來貢.(3월)	來貢[182]
1088 (大安4년, 宣宗5년)	遼遣横宣使御史大夫耶律延壽來. (정월10일) 以遼議置榷場於鴨江岸, 遣中樞院副使李顔托爲藏經燒香使, 往龜州密備邊事.(2월17일) 遼東京回禮使檢校右散騎常侍高德信來.(5월8일) 遣太僕少卿金先錫如遼, 乞罷榷場. (9월) 遼遣大常少卿鄭碩來賀生辰.(10월5일) 金先錫還自遼. 回詔曰 : ….(11월30일) 是歲, 遼遣使賜羊二千口、車二十三兩、馬三匹.	免高麗歲貢. (3월)	免高麗歲貢. (3월)	免歲貢.[183] (3월)
1089 (大安5년, 宣宗6년)	遼遣永州管內觀察使楊璘來賀生辰.(9월8일)	高麗遣使來貢.(정월)	高麗遣使來貢.(정월)	來貢.[184]
1090 (大安6년, 宣宗7년)	遼遣利州管內觀察使張師說等三十一人來賀生辰.(9월10일) 遼遣横宣使益州管內觀察使耶律利稱來.(12월19일)	高麗遣使來貢.(11월)	高麗遣使來貢.(11월)	來貢.[185]

182) 『요사』「본기」·「속국표」 및 『고려사』가 일치하지만 고려에서 11월 21일에 "如遼獻方物"이라 하였는데 『요사』에는 그 해 3월에 "來貢"이라 하였으니 시간

연대	『고려사』	『요사』		
		「본기」	「속국표」	「고려외기」
1091 (大安7년, 宣宗8년)	遼東京持禮回謝使禮賓副使烏耶呂來.(2월24일) 遼遣永州管內觀察使高崇來賀生辰.(9월8일)			
1092 (大安8년, 宣宗9년)	遼東京持禮使高良慶來.(4월16일) 遼遣王鼎來賀生辰.(9월5일)			
1093 (大安9년, 宣宗10년)	遼遣高州管內觀察使馮行宗來命王起復.(4월9일) 遼遣永州管內觀察使大歸仁來賀生辰.(9월7일) 遼遣橫宣使安州管內觀察使耶律括來.(12월21일)	遣使賜高麗羊.(7월)		賜王運羊.[186]
1094 (大安10년, 獻宗즉위년)	遼勅祭使蕭遵烈、副使梁祖述、慰問使蕭褫、起復使郭人文等來. (12월)	是夏, 高麗國王運薨, 子昱遣使來告, 即遣使賻贈.		運薨, 子昱遣使來告, 即賻贈.[187]
1095 (壽隆원년, 獻宗원년)	遼東京回禮使高遂來, 遂私獻綾羅彩段甚多.(5월19일) 遣左司郎中尹瓘, 刑部侍郎任懿如遼. 前王表曰 : ….(10월) 遣崔惟擧如遼進奉.(11월21일) 遣崔用圭賀正, 董彭載賀天安節.(11월22일) 遼遣劉直來賀前王生辰.(11월27일) 劉直還, 附表以送. 前王表曰 : ….(12월) 任懿還自遼. 回詔曰 : ….(12월28일)	高麗遣使來貢.(2월) 高麗王昱疾, 命其叔顒權知國事.(11월)	高麗遣使來貢.(2월)	來貢.[188] 王昱病, 命其子顒權知國事.[189](11월)

이 맞지 않는다. 어느 편인가 誤일 것이다.

183) 『요사』「본기」 및 「속국표」와는 일치하나 『고려사』에는 보이지 않는다. 뒤에 계속 進貢記錄이 나오는 것으로 보아 이 해 한 해에만 免貢인지 모를 일이다.

184) 『요사』「본기」 및 「속국표」와는 일치하나 『고려사』에는 없다.

185) 『요사』「본기」 및 「속국표」와는 일치하나 『고려사』에는 없다.

186) 『요사』「본기」와는 일치하나 『고려사』에는 구체적인 기록이 없고 다만 12월 21일 橫宣使가 온 것만 기록되어 있다.

연대	『고려사』	『요사』		
		「본기」	「속국표」	「고려외기」
1096 (壽隆2년, 肅宗원년)	遣謝恩兼告奏使禹元齡如遼.(2월3일) 遣持禮使高民翼如遼東京.(3월19일) 遼東京持禮使禮賓副使高良定來.(5월5일) 遣吳延寵如遼, 賀天安節.(10월29일) 遣蘇忠如遼進奉.(11월) 遼遣李惟信來賀前王生辰.(12월1일)	高麗遣使來貢.(10월)	高麗來貢.(10월)	來貢.[190]
1097 (壽隆3년, 肅宗2년)	遼遣橫宣使海州防禦使耶律括來賜前王勅曰 : ….(정월17일) 葬前王于隱陵.　移牒遼東京兵馬都部署.(3월6일) 遣安仁鑑如遼賀天安節.(10월24일) 遣柳澤謝橫宣.(10월27일) 遣庾惟祐如遼謝賀前王生辰.(11월9일) 遣畢公贊進方物, 又遣林有文賀正.(11월18일) 遼遣耶律思齊, 李湘來賜玉册、圭印、冠冕、車輅、章服、鞍馬、匹段等物.(12월13일)	是春, 高麗王昱薨.		王昱薨.[191] (3월)
1098 (壽隆4년, 肅宗3년)	遣知樞密院事金庸、禮部侍郎曹楊休如遼, 謝封册.(10월14일) 遣金若冲如遼, 賀天安節.(10월28일) 遣王嘏、尹繼衡如遼進方物,　蔣寧賀正.(11월21일) 遼遣左諫議大夫來告符,　來賀生辰.(12월12일) 來告符還, 王附表以謝.(12월19일)			

187) 『요사』「본기」와는 일치한다. 그러나 『고려사』에는 遼의 慰問使와 起復使가 온 것만 기록되어 있고 賻贈에 대한 기사도 없다.

188) 『요사』「본기」 및 「속국표」와 일치된다. 그러나 『고려사』에는 進貢記事가 없다.

189) 『요사』「본기」와 일치된다. 그러나 『고려사』와 『요사교감기』에 의하면 王顒(肅宗)은 王昱(獻宗)의 아들이 아니고 바로 숙부이다. 『고려사』에 의하면 王徽(文宗)에게 三子가 있는데 長子가 勳(順宗), 二子가 運(宣宗), 三子가 顒(肅宗)이다. 王昱(헌종)은 宣宗의 元子이다. 그러므로 顒는 叔父이다.

190) 『요사』「본기」와 일치하나 『고려사』에는 없다.

191) 『요사』「본기」와 일치한다. 실상 王昱은 肅宗 2년(1097) 윤2월 甲辰(19일)에 薨逝하였으나 契丹에 告哀하지 않고 장례를 치른 것 같다.

연대	『고려사』	『요사』		
		「본기」	「속국표」	「고려외기」
1099 (壽隆5년, 肅宗4년)	遼遣橫宣使寧州管內觀察使蕭朗來, 兼賜蔵經.(4월15일) 持禮使部師奭如遼東京.(9월6일) 遣文冠如遼賀天安節.(윤9월22일) 遣李壽如遼謝賀生辰.(10월2일) 告奏兼密進使文翼如遼, 請賜元子册命.(10월13일) 遣韓彝如遼進方物, 趙臣浚賀正.(10월18일) 遼遣大淑來賀生辰.(12월5일) 遼東京持禮回謝使大義來.(12월14일)	高麗王顒遣使乞封册.(10월)		王顒乞封册.192)
1100 (壽隆6년, 肅宗5년)	遼使肅朗還, 王附表以謝.(정월13일) 遼遣張臣言來諭册命元子.(5월16일) 張臣言還, 王附表以謝.(5월24일) 遣李載如遼謝詔諭.(9월23일) 遼遣蕭好古、高士寧來册王太子.(10월19일) 遣朴浩如遼, 賀天安節.(10월28일) 遼使蕭好古等還, 王附表以謝. 遣金侯善如遼, 謝賀生辰.(11월3일) 遣金龜年如遼謝恩.(11월19일) 遣赫連挺如遼獻方物, 崔善緯賀正. (11월24일) 遼遣大僕卿王執中來賀生辰.(12월 1일) 王執中還, 王附表以謝.(12월12일)	是歲, 封高麗王顒長子俁爲三韓國公.		封顒爲三韓國公.193)
1101 (乾統원년, 肅宗6년)	遼東京持禮使禮賓副使高克少來.(정월15일) 遼遣檢校右散騎常侍耶律轂來告道宗崩, 皇太孫燕國王延禧嗣位.(3월19일) 遣大府少卿王公胤、閤門使魯作公如遼, 弔慰會葬.(4월13일) 遣同知樞密院事郭尙·尙書左丞許慶如遼, 賀即位.(9월20일) 遼遣高州管內觀察使高德信來賀生辰.(12월20일) 遼遣崇祿卿吳佺來致道宗遺留衣帶、匹段等物.(12월23일)	遣使告哀于宋及西夏、高麗. (2월) 高麗遣使慰奠.(6월) 高麗遣使來賀.(12월)		報道宗哀, 使來慰奠. 遣使來賀.194)(12월)

192) 『고려사』에 의하면 이미 肅宗 2년(1097)에 封册을 하였다. 그리고 그 다음 해

연대	『고려사』	『요사』		
		「본기」	「속국표」	「고려외기」
1102 (乾統2년, 肅宗7년)	遣安子恭如遼賀天興節.(10월21일) 遣楊信孚如遼謝賀生辰.(11월13일) 遣郭峻穆如遼進方物.(11월21일) 遣金澤先如遼賀正.(11월23일) 遼遣橫宣使歸州管內觀察使蕭軻來.(12월2일) 又遣中書舍人孟初來賀生辰.(12月3일)			
1103 (乾統3년, 肅宗8년)	遼遣報册使邊唐英來.(6월19일) 遣李繼膺、朴景綽如遼賀加上尊號.(9월26일) 遼東京回禮使禮賓副使高維玉等來.(10월14일) 遣宋琳如遼賀天興節.(10월14일) 遣金國珍如遼謝橫宣.(10월28일) 遣崔繼芳如遼謝賀生辰.(11월9일) 遣趙卿如遼進方物, 沈侯賀正.(11월21日) 遼遣烏興慶來賀生辰.(12월3일)			
1104 (乾統4년, 肅宗9년)	遼遣耶律嘉謨、夏資睦來册王. 詔曰 : ….(4월21일) 耶律師傅、張織來册太子.(4月27일) 遼東京大王耶律淳遣使來聘.(10월30일) 遣智寵延如遼賀天興節, 文冠謝賀封册, 崔璿謝賀生辰, 金漢公進奉, 崔德愷賀正.(10월30일) 是月, 遣密進使金沽如遼.(11월) 遼遣馬直溫來賀生辰.(12월17일)			
1105 (乾統5년, 肅宗10년)	遼霜丘來投.(9월9일) 遣中書舍人金緣如遼告哀.(10월12일) 遣刑部侍郎崔緯如遼賀天興節. (10월)	高麗三韓國公王顒薨, 子俁遣使來告.(11월)		三韓國公顒薨, 子俁遣使來告. 195)

(肅宗 3년) 10월 4일에 사신을 보내서 謝禮하였다. 그런데 이 해 10월 1일에 封册이라는 것은 있을 수 없다. 誤記일 것이다.

193) 『요사』「본기」에 '長子俁' 三字缺이었으나 校勘時에 보충한 것이다. 여기도 응당 三字가 보충되어야 『고려사』와 내용이 맞는다. 주 104에 王顒乞封册이니 여기에는 封册해야 맞기 때문에 고쳐서 되려 誤가 된 듯하다.

194) 『요사』「본기」 및 『고려사』와 일치된다. 그러나 그 使節은 각각 2월 · 6월 · 12월에 왔었다.

연대	『고려사』	『요사』		
		「본기」	「속국표」	「고려외기」
1106 (乾統6년, 睿宗원년)	遼遣祭奠使耶律演、左企弓來. (정월11일) 遼遣弔慰使耶律忠、劉企常來. 又遣劉鼎臣命王起復.(정월13일) 遼祭奠弔慰使祭肅宗虞宮.(정월 20일) 遼橫宣使來.(2월1일) 遼歸我軍宗志等十二人, 甲申之戰沒於東蕃, 逃入遼者也.(3월4일) 遣侍郎金寶威、郎將李璹如遼謝賜祭.(10월16일) 遣禮賓少卿崔洙如遼賀天興節. (10월19일) 遣金義方如遼謝橫宣.(11월10일)			
1107 (乾統7년, 睿宗2년)	遼遣高存壽來賀生辰, 仍賜大藏經.(정월3일) 遣考功郎中朴景伯如遼賀天興節, 刑部員外郎李詔永謝賀生辰, 起居舍人朴景中賀正, 侍御史河彥碩進方物.(6월7일)			
1108 (乾統8년, 睿宗3년)	遼遣崇祿卿曹勇義來賀生辰.(정월3일) 遼遣崇祿卿張掞來命王落起復.(2월20일) 遼遣蕭良、李仁洽等來册王.(2월25일) 遣李德羽如遼賀天興節.(10월4일) 遣黃元道如遼謝落起復.(11월4일) 遣崔贄如遼謝賀生辰.(11월7일) 遣徐祐如遼獻方物.(11월12일) 遼遣橫宣使檢校司徒耶律寧來. (12월13일)	封高麗王俁爲三 韓國公, 贈其父顒爲高麗國王.(4월) 高麗遣使來謝.(12月)	高麗遣使來謝. (11월)	封俁爲三韓國公, 贈其父顒爲國王.[196] 遣使來謝.[197](12월)
1109 (乾統9년, 睿宗4년)	遼遣大永信來賀生辰.(정월3일) 遣李汝霖如遼奏新築東界九城, 賜班犀帶一腰.(2월28일) 是歲, 遣都官郎中李國瓊如遼, 奏還女眞九城.(12월28일)	高麗遣使來貢.(12月)	高麗遣使來貢. (12月)	來貢.[198]
1110 (乾統10년, 睿宗5년)	遼遣衛尉卿李逢辰來賀生辰.(정월3일) 李國瓊還自遼. 詔曰 : ….(정월10일)			

195) 『요사』「본기」 및 『고려사』와 일치한다.

196) 1097(肅宗 2년)에 顒를 이미 高麗王으로 封하였고, 1100(肅宗 5년)에 俁를 三

연대	『고려사』	『요사』		
		「본기」	「속국표」	「고려외기」
1111 (天慶원년, 睿宗6년)	遼遣泰州管內觀察使大仲宣來賀生辰.(정월5일) 遣刑部侍郎李資德如遼賀天興節. (10월17일) 遣禮部侍郎李珣如遼謝賀生辰.(11월1일) 遣殿中監金縝如遼獻方物, 禮賓少卿文公彥賀正.(11월17일) 遼遣橫賜使檢校司空蕭遵禮來, 受詔于乾德殿.(12월21일)			
1112 (天慶2년, 睿宗7년)	遼遣永州管內觀察使劉公允來賀生辰.(정월3일) 遣殿中監李德羽如遼告哀.(8월13일) 遣禮部侍郎金縝如遼賀天興節.(9월21일) 遣工部侍郎李寵鱗如遼謝橫賜.(10월7일) 遣戶部侍郎康悅如遼謝賀生辰.(10월21일) 遣禮賓少卿崔俰如遼獻方物.(11월27일) 遼東京回謝持禮使禮賓副使謝善來.(11월28일) 遣刑部侍郎許之奇如遼賀正.(11월29일)	高麗三韓國公王俁之母死, 來告, 即遣使致祭起復.(10월)		王俁母薨, 來告, 遣使致祭, 起復.199)
1113 (天慶3년, 睿宗8년)	遼遣崇祿卿張如晦來賀生辰.(정월2일) 遼勅祭使永州管內觀察使耶律固、太常少卿王侁來.(정월19일) 遼勅弔使泰州管內觀察使蕭辿來.(정월21일) 遼遣崇祿卿楊擧直來命王起復. 詔曰 : ….(정월25일) 耶律固等將還, 請春秋釋例、金華瀛洲集. 王各賜一本.(2월8일)	高麗遣使來謝致祭.(12월) 高麗遣使來謝起復.(12월)	高麗遣使來謝.(12월)	遣使來謝致祭, 又來謝起復. 200)

韓國公으로 封하였다. 이때 또 封冊하였다 함은 있을 수 없고 다만 加冊한 것일 것이다.

197) 『요사』「본기」 및 「속국표」와 일치하나 『고려사』에는 없다.

198) 『요사』「본기」 및 「속국표」와 일치하나 『고려사』에는 없다.

199) 『요사』「본기」와 『고려사』가 일치한다. 『고려사』에 致祭와 起復使에 대한 기록은 이 해에는 없고 1113년에 弔使와 起復에 대한 기록이 나온다.

200) 『요사』「본기」·「속국표」 및 『고려사』와 일치한다.

연대	『고려사』	『요사』		
		「본기」	「속국표」	「고려외기」
1113 (天慶3년, 睿宗8년)	遣禮部侍郎李永如遼賀天興節.(10월15일) 遣禮部尙書洪灌, 刑部侍郎金義元如遼謝弔祭.(10월23일) 遣祕書少監韓冲如遼謝起復.(11월3일) 遣工部侍郎李茂榮如遼謝賀生辰.(11월9일) 遣殿中監崔弘宰獻方物.(11월17일) 遣戶部侍郎李資誠如遼賀正.(11월19일) 遣禮賓少卿金景淸如遼獻方物.(12월27일)			
1114 (天慶4년, 睿宗9년)	遼遣衛尉卿張如晦來賀生辰.(정월3일) 遣李鷲如遼賀天興節.(10월15일) 遣梁永如遼謝賀生辰.(10月29일) 遼遣橫宣使耶律諮、副使李碩來.(11월4일) 遣衛尉卿李壽、通事舍人黃君裳如遼謝橫宣.(12월13일) 遼遣王儆來命王落起復.(12월28일)			
1115 (天慶5년, 睿宗10년)	遼遣觀察使高慶順來賀生辰.(정월5일) 遣尙書李壽、侍郎黃君裳如遼謝橫宣.(정월18일) 李壽等還自遼. 回詔曰：….(4월3일) 遼將伐女眞, 遣使來請兵.(8월3일) 召宰樞、侍臣、都兵馬判官、諸衛大將軍以上, 問至再三, 卒無定議.(8월8일) 遣侍御史尹彦純如遼賀天興節.(10월17일) 遣郎中金仁瑫如遼謝落起復.(11월7일) 遼遣利州管內觀察使耶律義、大理少卿孫良謀來督發兵.(11월19일) 北路兵馬使馳報遼東京牒：昨奉敕旨, 高麗所遣生辰、橫宣、落起復三謝使, 近緣邊境多故, 未得入界, 已令還國.(11월25일) 耶律義等詣閤門欲辭, 以出兵之議久不決, 不成禮而退. 翌日辭.(11월26일) 遼東京留守遣回謝持禮使禮賓副使高孝順來.(12월7일)			

연대	『고려사』	『요사』		
		「본기」	「속국표」	「고려외기」
1116 (天慶6년, 睿宗11년)	遼遣大理卿張言中來賀生辰.(정월3일) 遣祕書校書郎鄭良稷稱爲安北都護府衙前, 持牒如遼東京, 詗知節日使尹彥純、進奉使徐昉、賀正使李德允等稽留事.(윤정월15일) 遼東京人高諝來投.(2월9일) 王聞遼來遠、把州二城爲女眞所攻, 城中食盡, 遣都兵馬錄事邵億送米一千石. 來遠統軍辭不受.(3월1일) 遼來遠、抱州二城流民驅羊馬數百來投.(4월15일) 遼流民男女二十餘人來投, 獻羊二百餘口.(4월16일) 契丹三十三人及漢、奚、熟女眞、渤海人來.(12월)			
1117 (天慶7년, 睿宗12년)	契丹十八人及奚、漢、熟女眞人自遼來投.(정월3일) 遼來遠城牒曰 : ….(3월3일)			
1119 (天慶9년, 睿宗14년)	契丹遣蕭公聽、耶律遵慶來.(8월29일)			
1120 (天慶10년, 睿宗15년)	遼遣樂院副使蕭遵禮來. 詔曰 : ….(7월6일)	金復遣使烏林答贊謨持書及册文副本以來, 仍責乞兵于高麗.(2월)		乞兵于高麗以御金, 而金人責之.201)
1123 (保大3년, 仁宗원년)	遣河則寶如遼, 自龍州泛海, 不達而還.(8월24일)			

201) 『요사』「본기」와 일치한다. 『고려사』에는 없다.